Money錢

Money錢

29歲開始做 43歲提早退休

用窮酸皮夾不追求表面富有，
拿到退休入場券！

FIRE

粉圓妹──著

目錄
CONTENTS

Chapter **1** 觀念篇

人生有無限可能 不要説説而已

Chapter ❷ 準備篇

看見危機 要勇敢奮力一搏

FIRE

\ Chapter ❸ 理財篇 /

學會投資 才能好命一輩子

\ Chapter ❹ 實踐篇 /

居無定所實驗 生活即旅行

\ Chapter ❺ 領悟篇 /

換你動手做 開始退休規劃

後記

提早退休關鍵
不在高收入！

我們在 10 多年前退休的時候，很多人都說我們是因為住在國外，薪水高，才有辦法在 30 多歲就退休。不論我們如何想辯證「提早退休」這件事與薪水高低不一定相關，還是很多人不相信以台灣普通職員的薪水，能有辦法提早退休。

聽到粉圓妹的故事，我心想太好了，這下可以證明只要提早規劃以及有毅力的執行，普通上班族真的也可以努力 10 幾年就提早退休。

粉圓妹是一個普通收入的職員，沒有背景、沒有後

援，也沒有富爸爸，她靠著自己的努力在 10 多年內達成財務自由，而且在退休後十幾年來周遊列國，活得健康自在。

訣竅跟我們一樣，就是要對自己夠狠！就像武俠小說中寫的，欲練神功必先自宮。

粉圓妹從 29 歲開始規劃自己的退休藍圖，大刀一揮，縮衣節食，每月存下 50% 的收入，這再次證明了薪資多寡不重要，能存下來的才是資產。堅持開源節流 10 多年之後，當她收到公司不合理的人事調動通知，可以帥氣的離開職場，展開自己更精彩的人生旅程。

這一路上的堅持辛苦，達成目標的步驟方法，以及退休後的冒險故事，她都毫無保留的在書上跟大家分享。

我和我先生自從 10 多年前極早退休以來，遇到很多跟我們走上同樣道路的朋友，大家能提早退休的祕訣大同小異，就是要趁年輕時對自己夠殘忍，時間帶來的複利才會對自己仁慈。不要等到年紀大了，才懊悔沒趁年輕做好理財規劃，流逝一去不復返的歲月，才是最殘忍的。

大家看到她現在自由自在旅居世界各地，登山健走52 座百岳，演講開課，活得自在精彩，而且如無意外，

她接下來 20、30、40 年以後的人生只會有更多精彩故事，而這一切都只需要十多年的努力。

要成就與一般人不同的人生道路，勢必要很多勇氣，看到粉圓妹如何以一己之力，打造並實現自己的退休計劃，你也可以幫自己打個強心針，為 10 年後的自己讀完這本提早退休寶典，並開始行動。

大家一起來揮刀，狠心一點，在最能吃苦的年輕時代，把不必要的支出斬掉，買什麼新款 iPhone！買什麼車！吃什麼大餐！砍砍砍！把這些沒必要的花費通通都存進自己的退休理財帳戶中。

10 年後的你，會感謝現在勇敢又努力的自己。

Winnie 散漫遊 | **曾琬鈴**

\ 自序 /

不用家財萬貫
也可以提早退休！

這是一本退休理財書，適合即將退休的壯年族閱讀，更適合年輕人作為人生規劃的引路，因為粉圓妹是一位低學歷、低職位、低薪資、無證照、無背景、沒有富爸爸、不聰明、不漂亮、不年輕、長不高、沒優勢的上班族，秉持紀律精神：連續記帳 24 年、連續 10 年存薪 50%，「靠自己」在 43 歲退休，一步一腳印，創造自己的故事，不用家財萬貫，也可以提早退休！

很多年輕人會說「計劃趕不上變化，不需規劃未來，只要活在當下。」粉圓妹用親身經歷告訴大家，努力很

重要，選擇更重要。五彩繽紛的世界經常會打亂我們的腳步，浪費太多時間在無效的事情上，及早規劃未來可以少走很多冤枉路，是人生極為重要的事。

以前我也不知道自己是個擅於計劃的人，甚至曾經覺得自己懵懂無知、沒有未來和希望，只知道 19 歲離家後凡事要靠自己，想要出人頭地，就必須付出行動；也從來不知道 29 歲擬訂的退休藍圖，可以把自己推向「提早退休」的人生勝利組，在傻傻做之後，才發現一步步的堅持成就了自己！

很多主持人訪問完後都稱讚粉圓妹很有自信，粉圓妹天生及後天都毫無優勢，到底是哪來的自信？

的確，我回想以前，自己真的是一位非常沒有自信的人，直到 43 歲可以理直氣壯地宣布退休後，我才遇見無所不能的自己，願意勇敢挑戰自己的弱點與不足，當突破了弱點，才發現原來很多事沒有想像中的難，一切都是自我設限，像是不會外文也敢獨自勇闖西班牙朝聖之路的旅程一樣，我發現自己有無限的潛能與可能。

為何退休後才發現不一樣的自己？回想以前在職場上，做了很多事，老闆、主管們不見得看得見、看得懂，

為了生存必須把個性上的稜角修掉，不是不好，而是必須戴上面具偽裝，退休後有大把時間及精力去探索更多未知的自己，退休後的人生才是自己的「真人生」。

我並不特別鼓吹每個人都要提早退休，若對退休後生活沒有強烈的想法，那就務實地把現在的日子過好；倘若你有許多想法、夢想、目標，在職場上無法得到發揮、獲得成就感，那就要加倍努力規劃未來，期許自己早日實踐「真人生」的來臨。

如果你認為「計劃趕不上變化」，我會說：「對，雖然我們無法掌握大環境，但要懂得隨機應變、滾動式調整自己！」在執行計劃過程中，一定會面臨許多變數，計劃是死的，但思維是活的，你應該成為流動的水，而不是固定型狀的容器，只要不斷吸收新知識，就能隨著時代浪潮而調整，不要僵化、不知變通。

我也曾在累積退休金的過程中，狠狠地跌倒變成負債，再爬起重新來過。我感謝當時跌了這一跤，讓我趁早學會更務實地看待理財計劃，不要妄想一夜致富，而是要抱著聚沙成塔的心態，理財路上寧可做隻慢龜，也不要成為驕傲的狡兔。

　　人是目標型的動物，有計劃的人生才會有努力方向，不會在虛耗中度過、茫然中摸索，「活在當下」是要用心去感受，而不是花錢去裝飾面子、填補空虛。

　　人一輩子能賺多少錢是固定的，及早開始儲蓄理財為老後鋪路，有底氣，才有大膽作夢的勇氣，雖然粉圓妹不是抱著幾千萬現金在身邊，也敢拒絕公司不顧員工健康的調派，在 43 歲宣布退休，一切都歸功於「長遠布局、紀律執行」，才能在人生轉折中，把危機變成轉機。

　　如同 2019 年退休 8 週年時，我寫給自己一封信：

　　「感謝年輕的妳，過去每一天的努力！如果當初妳只想著當下玩樂、得過且過，不懂得儲蓄與規劃未來，就不會有今天的好日子。

　　妳的學歷不高，但妳願意不斷學習、累積知識；

　　妳的職位不高，但妳懂得存多比賺多重要，為自己鋪路；

　　妳的執照不多，但妳會把有用的知識，運用在美好人生的規劃上；

　　雖然妳很平凡，沒有顯赫的背景，但妳願意咬著牙，用堅持與毅力做一件『對』的事。

29 歲的妳，就已思考 60 歲時的生活，

41 歲的妳，即已布局 85 歲時的人生，

50 歲的妳，已完美安排 100 歲時的晚年。

沒有人能像妳一樣眼光深遠、心思縝密，把未來的我安排得如此妥當，妳把學習、知識、努力、毅力、累積等所有寶物，全都裝進人生百寶箱裡送給了我，造就現在自在生活的我。

我知道，即便有如此完美的安排，也不能保證人生從此順遂，但我更明瞭只要遇到困境，我可以把百寶箱裡的寶物取出，像施魔法一般地揮揮手，化逆境為轉機，困境中的惡魔無法把我摧毀，反而讓我得到更強大的力量。

這讓我想起妳的堅強，是如何從那些唱衰、酸言酸語之中成長、茁壯，妳從來不去討好、巴結他人來得到成就，妳相信只要有能力、願意努力，機會自然會找上門，妳果然是對的，我佩服妳走出自己的路，而我會繼續追隨妳的腳步，勇敢大步地向前邁進，50 多歲的我，好日子會不斷上演，而且越老越精彩！」

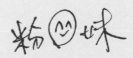

＼ 觀念篇 ／

〝人生有無限可能
不要説説而已〞

$

FIRE

\ 1-1 /
29歲開始思考
打造提早退休計劃

提早退休需要極大的勇氣，尤其是在 43 歲一枝花的時候，離職退休那一天，在眾人恭賀及羨慕聲中，我感覺得出來更多人內心的 OS 在說：「看妳能撐多久！」

的確，很多人在退休前並未想清楚自己未來的人生規劃是什麼？辛苦了大半輩子，只想擺脫看人臉色的上班日子，每天在電視前發呆、睡到自然醒、跟姊妹淘約下午茶、逛百貨公司、出國環遊世界玩 1、2 個月、腦袋完全放空……

退休第一天，到第一週年。

　　這樣的日子是每個窮忙上班族的渴望，想起來好像很美妙，但可能過幾個月就瘋了吧！因為漸漸會發現電視節目沒那麼好看，躺在床上睡不著卻也懶得起身，姊妹淘都要工作，沒時間每天陪妳喝下午茶，百貨公司逛 10 遍已經熟到可以去當樓管了，即使每年出國玩 1、2 次也無法填補日子的空虛感。

　　離開職場後，再也不會有塞爆你信箱的公事往來信件，同事都忙著賺錢打拼沒人可以陪你玩，雖然他們還在使用你過去在公司建立的報表系統，但漸漸不會再提起你的貢獻，不再打電話問候你，他們已習慣你的不存在。

　　多數人可能沒想到，退休需要準備的不只是退休金而已，而是健全的心態，以及自我認同、追求夢想、自我實現等更崇高的理想。我在離開職場的前 3 年，無時無刻都在思考這些問題，我要有健康的人生、有興趣的發展、夢想的追求及目標的實現、貢獻所長滿足自我的成就感、發展志趣相投的朋友社群……，這些都是為我人生增添色彩的畫筆。

當我清楚意識到這些後，我訂定了退休自在生活的主軸——運動、學習、思考、感受，在退休第一天為自己寫下作息規矩：第一，不能超過 9 點起床；第二，不能看電視超過 1 小時。不窩在家裡當宅女、不當沙發上的馬鈴薯、尋找有興趣的課程、參加社團認識新朋友……，因為我知道一旦養成不好的生活習慣，就很難再矯正了。

在退休第一週年的當天，我為自己寫下見證：「我是可以一手掌握自己人生的女人，我不是光說不練的假道學，證據與數據都可以證明我對自己的堅持！」

粉圓妹，妳憑什麼43歲退休？

時序來到 2023 年 6 月，一轉眼粉圓妹退休屆滿 12 年了。我幫大家問：「粉圓妹，妳憑什麼 43 歲退休？」很多人會說：「因為她有富爸爸！」、「因為她有家裡的金援！」

很抱歉！這些猜測都不正確，相反的，我是一位低學歷、低職位、低薪資、無證照、無背景、沒有無富爸爸、不聰明、不漂亮、不年輕、長不高、沒優勢的上班

族，靠著長遠布局、紀律執行，透過記帳及還債的紀律來存錢，連續 10 年存下薪水收入的 50%，度過景氣循環、股災斷頭、金融海嘯等危機，實實在在透過「靠自己」，在 43 歲退休。

退休藍圖的起心動念，源自於「嫁不出去的人生關卡」！ 25 歲左右，我認識一位長輩會算紫微，大家都搶著想讓長輩算算未來，我雖然不信命運，在同事們慫恿下也加入算命的行列。

適婚年齡的人最喜歡算命，記得有一次去香港，我也跑到知名的黃大仙算命一條街去，睢找了一個算命攤，算命先生鐵口直斷地說：「明年妳一定會結婚」，我問：「如果沒有呢？」他說：「一定會，沒有妳來找我。」算完立刻後悔，費用比我買的 1 件外套還貴，不如把錢拿來買衣服，還可以開心穿上好幾年，結果，當然是不準，我也不可能再買張機票去找他算帳。

長輩說我的命盤有 3 大重點：①為人愛計較，最好晚婚，否則會離婚；②紫微在遷移宮，會離家，適合在外闖蕩；③人生倒吃甘蔗，老後有 2 個財庫。當時正值適婚年齡，聽到晚婚、離婚等字眼真是傷心，說到老後

有 2 個財庫，年輕的我是不可置信的，我抱著聽聽就好，不想把它放在心上影響情緒。

不過，晚婚與離家倒是與當時實際狀況相同，18 歲跟父親吵了一架，高職畢業後我搬離家租屋自住，理由是我感覺自己會晚婚，既然遲早要學習獨立生活，不如趁年輕適應力好時離家，強過宅在家當令人討厭的老姑婆。

女人，妳才是自己的長期飯票。

我在 19 歲就預感自己會晚婚或不婚，到了 30 歲更是婚姻的重要關卡，經常會遇到旁人的閒言閒語：「妳再不結婚，以後誰來照顧妳呀！」但是婚姻這件事，可不是去路邊隨便找個男人嫁了這麼簡單，婚姻是一輩子的事，真的不能為結婚而結婚，絕對要寧缺勿濫！

以前長輩們的觀念是女人就是要依靠男人、女人必須找個長期飯票……，聽過很多婚姻不美滿的故事，那些女生為了逃離原生家庭，找個條件還可以的男人結婚，但這樣的婚姻真的可以幸福美滿一輩子嗎？

如果說結婚是要找個長期飯票，那女生為什麼不能

「靠自己」，做自己的長期飯票呢？不管未來會不會結婚，最重要的就是要照顧好自己，才不會被人看輕。

　　尤其是我在 20 多歲時，不明原因的腳痛，讓我必須靠吃止痛藥才能走路，我從床上走到浴室盥洗，竟然要花 20 多分鐘，不是房間太大，而是走路會定格，躺在床上無法起身時我想：「我才 20 多歲，行動力就像個老太婆一般，50 歲時怎麼辦？」（那時覺得 50 歲已經很老了），我甚至覺得自己活不過 50 歲！

　　所以，我想最起碼老後要有一筆錢，我才能照顧自己，至少給自己一個安穩的生活。因此在 29 歲時開始思考「老後誰來照顧我？」的議題，心裡開始默默有了退休藍圖，但一開始的想法很粗淺，中間經過不斷地修正及調整。

　　不管要用何種形式照顧自己，最重要的就是要有一筆錢，當時還不那麼流行「存退休金」這件事，因為老一輩的人堅信，勞保的老年給付可以照顧自己的未來。

　　不過，那時已經有報導指出勞保可能破產，勢必走上改革之路，怎麼改也是未知數，但我知道不管政策如何改變，一定要靠自己，不可能靠政府或是企業，於是

立刻著手進行退休金的規劃。

　　我需要一個老後財產不會被「五光」——騙光、借光、花光、虧光、索光，每年有源源不絕的現金流，保障自己生活無虞的退休規劃，即使單身、不買房，也有十足的安全感。

\ 1-2 /
人生沒有劇本
隨時要有B方案

常看到新聞報導，年薪百萬的人卻成了月光族，很多人太重視物慾，買一堆想要卻用不到的東西，薪水經常是左手進、右手出，完全留不住。

這種事曾經發生在我的周邊，聽到同事喊窮，引起我的注意，「蛤！她是業務，薪資是我的3倍，還喊窮？」我這個內勤人員，卻可以存下1年薪資的50%收入，曾經最高紀錄是60%，別說什麼要養房養小孩，她的條件跟我一樣單身，每個月沒辦法存到3萬元，真的要去撞壁檢討了！

　　<mark>薪資多寡不重要，可支配餘額才是人生幸福的籌碼。</mark>來看看以下試算，A 薪資 15 萬元、每個月存 20%，也就是每月存款 3 萬元；B 薪資 5 萬元、每個月存 50%，即每月存款 2 萬 5,000 元。A 與 B 誰比較有錢？誰能提早退休？看似 A 存的比較多，但是如果 A 的消費習慣沒改變，退休後錢仍然會不夠用。

別等到錢賺夠了，才規劃退休。

　　經常有人問我：「43 歲退休是妳預期的嗎？為何不多工作幾年再退休，可以讓退休金準備得更餘裕？」這個問題很好，也是沒有在中年面臨工作動盪的人會有的疑問。

　　之前有個新聞事件，資深主管在高雄工作多年，突然被公司調派至台北上班，沒有交通、住宿等補助，訴諸法律後，資深主管獲判賠償，這個事件很明顯，公司就是希望資深主管受不了自己離職，可以免付大筆的資遣費，沒想到這位資深主管打死不退。

　　你以為進入一間大企業上班，有如找到終身職般穩

當，但事實並不然，像這樣惡質搞花招的公司不計其數，只是大多數人為了生計，無法跟大公司纏鬥下去，只好另尋良木而棲，而且再繼續任職這種公司，亦不會有遠景及前途，沒必要在此地浪費生命。

所以，別想著「等我賺到足夠的錢，再規劃退休生活就好了」，人生總是多變，很多事不會照著你的劇本走，所以我總是有很多套劇本，來因應世態的變化。

我記得 2005 年退休新制剛推出時，官方提供了一個試算網站，讓大家預估未來會領到多少退休金，其中有一個很弔詭的選項，就是「預估個人薪資成長率」，大家理所當然認為薪資會隨著自己的資歷、年齡逐年上升，但事實並不然呀！我 25 歲時（1993 年）薪水 28,000 元，現今 2023 年最低薪資是 26,400 元，歷經 30 年薪水是倒退的，你或許會說：「妳的資歷可以讓妳跳槽，薪資不斷地翻升」，但現實真的有那麼順利嗎？

很多企業都想要降低成本，最好的方法就是想盡辦法讓資深員工離開，因為 1 位資深員工的薪資，可以養 2 位剛畢業的年輕人，儘管資深員工經驗老道，企業也甘願冒此風險，他們更可能會遇缺不補，讓現有的員工

1 人兼 2、3 人份的工作，而步入中年的上班族，要重新找到不限年齡的工作機會實在不多，更別說想薪資要逐年往上升了。

要人生，還是要工作？

粉圓妹在前面提到 20 多歲靠吃止痛藥才能走路的事，在 2019 年走完 930 公里的朝聖之路（外加巴黎馬德里市區觀光）後，這句像是浮光掠影的話，又一幕幕呈現腦海中。

20 多歲住台北時，常常從床上起身要走到浴室梳洗，都要花 20 多分鐘，到大醫院看了很多科別、做了很多檢查，都找不出問題，我問醫師，不知問題在哪裡，怎麼辦呢？醫師也只能吩咐我，痛的時候就來拿消炎止痛藥吧！

我說：「藥吃多不是會傷胃、傷腎、傷肝嗎？」醫師回：「妳吃 10 年再談傷身的問題。」我躺在床上無法起身時心想，我才 20 多歲，未來的日子要怎麼過？直到搬到台中生活後，情況才漸漸好轉，擺脫了吃止痛

藥的日子，算算時間我也吃了超過 10 年的止痛藥。為什麼住台中會好，我不知道，中間曾回台北住 2 個月又復發，只能猜測台北濕氣重、壓力大……，總之就是不適合我居住。

當公司不顧我的健康因素，執意要調我去台北上班，我當然不希望這段不堪回首的跛腳人生，再重回我的生活中，就算公司要補助交通費、租屋津貼給我，都不能補貼我健康快樂的生活，你想想，每天痛到不能走路，連笑容都不見了，人生有什麼希望可言呢？

而且當時我已兼任講師，調去台北不是讓我朝講師的職務發展，而是重回秘書職務，等於是走回頭路，若一個人沒有健康的身體、沒有快樂的心情、沒有工作的遠景，談前途發展是多麼可笑呢？

當然，最重要的原因是當時我的退休金已準備就緒，雖然不是照著我的完美 A 計劃來走，但還好我的 B 計劃也差強人意，所以我斷然拒絕調派，拉回現實面，如果我沒有在 29 歲就想著「老後誰來照顧我」，開始嚴格執行退休金計劃，面對公司無理、無情的調派，就算是腿斷了，爬都要爬去，不是嗎？

存退休金不難，你可以辦得到！

我可以斷然拒絕調派，是因為我的超前部署，在 29
歲就為老後準備退休金，雖然我的薪資不高，但仍可以
秉持著開源與節流把薪水存下來，透過適當理財，為老
後鋪路。

所以，「現在發生一件好事，是因為過去做對了一
件事」，因為當時埋下了種子，現在才有甜美的果實！

我的退休計劃為何成功？套用現在的流行語就是
「超前部署」，其步驟就是及早規劃、嚴格執行、堅守
紀律、處變不驚，每一句話都很像八股的口號，但要嚴
格執行著實不易，回頭看卻是如此地欣慰，這就是所謂
的知易行難。一件事的成功與否，不在於擁有什麼，而
是做了什麼，並持續做了多久，學會這樣的處事態度，
就算拔掉你身上所有資源，你一樣可以在新的領域翻身，
這就是我的人生寫照。

我沒有高學歷、高職位、高智慧、高薪資，只是一
個平凡的上班族，我唯一有的是「毅力」與「堅持」，
我能做得到存足退休金在 43 歲提早退休，相信大家也都

能做得到。

別因為不想工作，而想要早點退休。

有一種人，整天嚷嚷著我要財務自由、我要提早退休，他覺得退休就是環遊世界、遊山玩水、每天睡到自然醒、整天無所事事。

另一種人，則是說他不想退休，說工作很有成就感，但一轉頭就開始抱怨同事、老闆、公司、廠商⋯⋯，真正在工作上有成就感的人，會做得樂此不疲，而不是整天抱怨連連。若你喜歡現在的公司、同事、職務，當然是件好事，多少人求之不得，不會有人慫恿你離開職場、退休吃自己！

以上這兩者都不是退休正確的想法，退休絕不是逃避工作的藉口，因為沒事做的日子更加難過，沒有目標的人生像槁木死灰、行屍走肉，退休也不是今天中了樂透，明天就可以退休了。

想擁有樂活健康的退休生活，一定要先搞清楚自己對退休的定義為何？才能提早做準備。

\ 1-3 /
夢想提早退休
為何多數人做不到？

我在 2020 年 11 月到花蓮，原本只打算住 2、3 個月，最後竟然在同一間青旅住了 15 個月，創了我的紀錄，也創了該家青旅旅客住最久的紀錄。

越來越習慣花蓮，不論是天氣、步調、消費，以前沒有待過花蓮的冬天，覺得太常下雨不能出去玩好虧哦！當我把它變成一種在地生活的模式，時間一拉長，我漸漸找到了生活的平衡感，既然是長住，不用每天急著出門玩耍，雨天或陰天就是寫作天，可以讓身體得到適度的休息，心靈也得到了沉澱與調適。

　　我把寫旅記當成工作，這個明確的目標，讓我的生活不會感到空虛，每天出門與不出門都有目的，而不是膚淺人想的退休就是「無所事事混日子」，人的心理健康，身體才會健康，金錢多寡反而是人生很其次的東西，錢少有錢少的生活方式，不看重金錢反而容易快樂。

生活不該只是工作、賺錢、爽爽花！

　　剛開始青旅老闆還不認識我時，看我整天坐在青旅打電腦，一坐就是幾小時不起身，但是一出門又可以連騎 5 ～ 6 小時單車到光復，他說我動靜之間非常極端。我說以前工作就是打電腦，每天坐十多個小時，把身體都坐壞了，20 ～ 30 多歲都要靠吃止痛藥才能走路，現在是物極必反，像勁量電池一樣，有超強、超持久的電力，爬山、騎單車一整天都不會累，把自己練到能文能武、動靜皆宜，是我對自己的期許。

　　我常跟青旅的住客分享，花蓮天氣真的很難捉摸，前一晚的天氣預報只能當作參考，要等早上看到天空的樣子，一切才能說得準，不用計劃行程，只要朝著藍天

的方向騎去就對了，這對於凡事愛計劃的我來說，是以前想都沒想過的生活形態。

多虧了 2019 年去西班牙朝聖之旅前，我給了自己一個功課——不再按表操課，學習隨遇而安，我要學習「慢」生活，慢慢把自己急性子給磨掉。在那段旅途中，我學會放下，不追求快、不競爭、不比較，把自己的腳步放慢、把心放緩，如此才能用心去體會周邊的人、事、物、景。

接著 2020 年 3 月在台灣單車環島，我也延續這樣的精神，「旅遊即生活，生活即旅遊」，不趕路、不要走馬看花，把自己當成在地人般的生活，才能體會當地的一切，認真過好每個小日子，即能成就另一種不平凡。

來到花蓮，我慢慢體會到「小日子」的意境，也許在海邊、也許在溪畔，或是步道上，停下來發發呆、與路人聊聊天、欣賞大自然美麗的傑作，不用到山高水遠之處，就能看盡美景，這是都市上班族奢侈的享受，我卻可以如此輕易地獲得，真可說是前輩子修來的福氣！

到底要準備多少錢才能退休？我總說：「夠用就好！」但你的夠用和我的夠用絕對不一樣，有些人在家

要住大房、出門要開名車、非名牌不穿、iPhone 新款是必備品、每天要吃大魚大肉等珍饈……，對於習慣豪奢的人來說，退休金 3,000 萬元都不嫌多，甚至有人說 1 億元都不夠用，但是，要不要先秤秤自己的斤兩，有沒有賺到 1 億元的本事呀！還是只是耍耍嘴皮子，賺都賺不到，更別說是存了吧！

　　人，還是要回歸於務實，想想生活的本質是什麼，或說人生該追求什麼？應該不會只是工作、賺錢、爽爽花，這麼的膚淺、汲汲營營與功利吧！？

人生必須努力，更要懂得選擇。

　　有一次，基金淨值下跌時，朋友詢問：「基金虧損很多，還要不要繼續扣款呢？」這位朋友收入是百萬以上，生活也不豪奢，明明賺得夠用了，但沒有學會理財的心法，因此內心不踏實，不敢輕言退休去過自己想要的人生。

　　因為我凡事有計劃，永遠知道目的為何，並且知道自己在做什麼，所以，我總是老僧入定，不會浪費時間

憂慮未來。

　　我曾經寫過一篇文章──月薪 3 萬元 vs 月薪 25 萬元的煩惱，會一樣嗎？刊登在媒體上後，被一些酸民罵，有人說我不夠努力，所以薪水才只有 3 萬元，我不想回嘴，因為他只看一篇文章，即斷章取義，寫下如此的評語，他沒有看到的是「為什麼月薪 3 萬元的人會在 43 歲退休，而月薪 25 萬元的人不能提早退休呢？」

　　現在，我再舉上面收入百萬朋友的例子，為什麼月薪 25 萬元的人要來請問我如何理財呢？看到問題了嗎？是因為我不夠努力嗎？錯，是因為有些人把努力用錯了方向，我提早退休，是我把努力用對了方向，人生絕對要很努力，但選擇同樣重要，選擇一條錯誤的道路，就像是繞遠路一樣，做了很多白工。

　　所以，我強調要為「自己」工作，而不是為「老闆」工作，你付出每一分鐘的努力，都要為自己加分。但有時在職場上，你努力不見得會有同樣的回收，在職場不只是工作，還要談做人，像我這種不會巴結、不會鞠躬哈腰的人，就是無法得到某些主管的青睞，在戲棚下面一直拗比氣長，運氣好也許有一天會等到欣賞我的主管，

運氣不好呢？是虛擲青春光陰呀！等到人老珠黃了，在
就業職場上更加不吃香呀！

　　我覺得人生最值得花時間的事，就是讓自己有成就
感的事，當內心被滿足了，才會真快樂，並非以財富、
薪資、學歷、職階來論斷。

\ 1·4 /
退休生活有各種形式
不要被限制住！

你認為退休生活是什麼樣貌？每天睡到自然醒？每天約朋友喝下午茶、逛百貨公司？整天坐在沙發上給電視看？還是花百萬環遊世界 2 個月？

試著安排「退休的一天」！

曾經在演講時，我跟大家玩 1 人說 1 句的接龍遊戲，主題是「退休的一天」，結果大家接出來的故事是這樣的：「早上睡到自然醒，再吃個早午餐，接著睡回籠覺，

起床後約朋友喝下午茶或打電話閒聊，晚上吃完飯、看電視後去睡覺。」聽完之後我說，你們這樣的生活過 1 天很爽、過 1 週還可以，過 1 個月你就想死了，真是無聊透頂，難道你拼了大半輩子，這就是你追求的退休人生嗎？

不要追求一個無聊透頂的退休人生！

有位旅人聽聞我在花蓮住 3 ～ 4 個月，就問我說：「那妳每天都在做什麼？」我說：「玩！」她露出羨慕的眼神繼續問：「看妳的裝備是騎單車嗎？每天騎固定路線嗎？」我說：「當然不是，我每天都去不同的景點及路線，花蓮絕對沒有如此乏味！」

這段對話讓我想到以前有位主管自以為幽默地說：「花蓮，好山、好水、好無聊！」我想只有不會「玩」、不懂得「玩」的人，才會說好無聊！

那位主管總是以「理財專家」、「退休專家」自居，從來不正眼看我這位小職員一眼，但我心裡卻是暗笑他對「退休生活」一點也不了解。

玩，一點也不簡單！

「玩」是一種態度，把生活當成一種「玩」的境界，甚至把「玩」當成是自己的工作、職業，要對每件事物都充滿興趣與好奇，把過生活當成一種學習，我把訓練體能當成玩、寫文章當成玩、研究地圖當成玩、閱讀歷史當成玩、練習攝影當成玩……，生活中好玩的事物太多了，這樣的退休生活怎麼會無聊呢？

很多人聽到我說每天的生活就是「玩」，都會露出超羨慕的眼神，但你要知道，並不是每個人都有「玩」的本事。

有體力

要玩得有深度、玩得刻苦銘心、玩得出成就感，就必須付出體力。

例如徒步、單車、跑步等旅遊方式，遠比開汽車、騎機車玩更有挑戰及記憶深刻，因為你的每一步、每一個轉踏、你的汗水，都會與土地產生連結的情感，而不是透過玻璃車窗匆匆一瞥。

◈ 有紀律

　　既然要有體力，當然要靠日常的體能訓練來累積，體能不是一蹴可幾的事，沒有紀律是無法有好的成效，一說到紀律、持續，就是非常挑戰人類惰性的一件事，然而這也是讓你獲得成就感的一件事，當你有成就感眼睛會發光、會充滿活力，就不會整天只想賴在床上，無聊到有時間生病。

◈ 要獨立

　　像我這種 FIRE（提早退休）族，身邊同齡的朋友一定都還在忙於工作或家庭，不要妄想會有老友天天陪你逛百貨公司、喝下午茶，甚至以前一起出遊的朋友，都會因為興趣、體能，以及專注事物、話題不同，而很難再結伴，因為人生的步調、生活體驗、看事物的眼界逐漸不同，難以再有共鳴。

　　像我喜歡長途旅行，而且時間多、體力夠，很難找到同樣屬性的同伴，因此，必須開始學會獨立，並擁有很多技能，不需靠別人即可一個人完成任何事，才不會因為沒有旅伴，而阻礙我去追求更好生活的腳步。

旅人問我有沒迷路過，我說：「我是路痴，但從不迷路」，善用工具，沒有什麼可以難倒人。以前沒智慧型手機，我就把地圖印出來，照樣可以去探險；不會外文，也可以一個人闖蕩法國、西班牙、日本。

有次在青旅遇到一位 60 歲的姊姊，不會用手機訂房、不會用網路訂火車票、不會導航，照樣一個人騎機車環島，不會科技就回歸原始——路長在嘴巴上是問出來的，她跟年輕帥哥撒嬌一下，就幫她訂好火車票，一樣可以完成旅行，一點也不難，在青旅認識，我們這些旅人一起去逛市場、喝啤酒，她開心的在傳統市場頻拍照，獨旅一點也不孤單。

這只是你遺忘已久的生活技能罷了，規律的上班生活或忙於家庭的主婦，只把能力侷限在特定的框架之中，忘了你也可以用創意過生活。

退休，就是要擺脫框架，展開新人生，放開心胸一點也不難！

NOTE

🎒 台灣單車環島

　　2020 年 3 月我在台灣單車環島，不趕路、不要走馬看花，把自己當成在地人般的生活，才能體會當地的一切。

　　來到花蓮，我慢慢體會到「小日子」的意境，也許在海邊、也許在溪畔，或是步道上，停下來發發呆、與路人聊聊天、欣賞大自然美麗的傑作，不用到山高水遠之處，就能看盡美景，這是都市上班族奢侈的享受，我卻可以如此輕易地獲得，真可說是前輩子修來的福氣！

Chapter

2

\ 準備篇 /

看見危機
要勇敢奮力一搏

\ 2-1 /
要幾歲退休
你自己決定？

　　台灣法定的退休年齡是 65 歲，根據勞動部調查，
2021 年勞工預計退休年齡平均為 61.3 歲，但實際
上可能更早離開職場，主要是職場有許多變數，未必可
以自己決定幾歲退休。

　　我並不是不想再工作，也不是沒有工作能力，而是
不喜歡職場上的派系鬥爭、爾虞我詐、勾心鬥角，有時
做得好、做得多，不見得就能受到重用，留在原位苟延
殘喘，只是浪費青春、消磨意志。

　　但是，如果沒把未來準備好，有什麼資格瀟灑地拂

袖而去呢？

　　我對退休的定義是：「退休是一種資格，你可以先取得，然後換一種心情再繼續工作。」為什麼要取得退休資格呢？

人生最大危機是看不見危機，看見又沒勇氣奮力一搏！

　　以前在公司，我主動設計了一個表格系統，每天只需花費 3 分鐘即可以結算全省各單位的業績報表，這個表格系統好用之處在於我設計時深刻了解使用者的需求，而且可以隨時機動調整，把主管們開會需要的資訊統合在一張紙上，主管們憑著這一張紙就可以開業績檢討會議，省去一大堆零亂資訊及文件報表。

　　不過，新來的主管並不了解這個表格系統的精妙之處，以為任何人都做得出來，新主管認為我是前朝的人馬，處心積慮要把我處理掉，使出很多手段，最後終於把我從公司職務砍掉後，召集他所有心腹左右手，問誰能接下這個業績表格系統，那些心腹們面面相覷，沒人敢跳出

來說包在我身上，沒有一個帶種、帶才的願意挺他。

台上 1 分鐘、台下 10 年功，新主管看到我每天只花 3 分鐘好似很簡單，卻沒看到 3 分鐘背後的才能、專業與用心並非人人能做到，主管不識才，全因為他本身無才，跟著這種主管及公司，是不會有前途的。

還好我把這份才能用來製作自己的財務報表，運用在自己的人生規劃上，透過縝密計劃、執行方案、應變措施、紀律執行，終於拿到了人生主導權，這比繼續幫笨蛋主管做事更有價值、更有成就感！

43 歲離開職場即宣布退休，等同於拿回我人生主導權，我不再為笨老闆工作、不為生活費工作，我有權選擇不看同事、主管、公司的臉色，遠離那些狗屁倒灶的人事物，不仰人鼻息的工作與生活，豈能不自由、不自在？

你，希望有怎樣的老年生活呢？

有人說退休要有「五老」：有老本、老屋、老伴、老友、老身。

我不完全認同，我獨立一個人很自在，並不需要老

伴，未來規劃住養生村，不需要窩居在老屋裡，很多老人在屋裡受傷、生病都沒人知，而且獨居會越老越孤僻，脾氣越來越古怪。住養生村有工作人員噓寒問暖，有事需要協助立刻有人幫忙，也有許多同齡朋友一起作伴，許多課程可以學習，讓腦袋保持運作，有健身場所可運動，設施一定會符合老年人的需求，安全得多。

43 歲退休時同齡的朋友都還在工作，大家的生活步調不同，很難有緊密往來。當自己走進新的領域，自然會結交興趣相同的新朋友，這樣才有共同話題，不會永遠圍繞著當年勇打轉。

勇敢、獨立也是樂活的關鍵，想做什麼、想去哪裡，都可以獨立完成，不會因為沒有伴而踟躕不前，把大好的時光，都花在「等一個人」或「牽就別人」這些事上，很不值得呀！

我也沒有「一筆老本」，我把退休金「化整為零」，這樣年老時才不會「五光」──被騙光、借光、花光、虧光、索光，最好的方法是把錢放在可信任的理財工具裡，再按月或按年支付給我當生活費花用，就算年老腦袋不清楚，被騙也只是損失 1 年的生活費，不會有身家

一夜不見的事情發生。

20 多歲時，需要靠三餐吃止痛藥才能走路，而且查不出原因，那時我以為自己一輩子都如此了，人生像槁木死灰，後來離開台北到台中工作後，才漸漸好轉，再透過減重、運動，終於擺脫吃止痛藥的日子。現在我健步如飛，體能狀況比 20 歲時還好，我珍惜這份遲來的「青春」，並且要不斷地訓練保持體能，最好能一路玩到掛。

有了想法，如何訂下具體的退休計劃？

我想每個人心中的退休藍圖不同，沒有人可以為你規劃，一定要有自己的想法，才能過得怡然自得。

該如何規劃一個樂活的銀髮生活，是大多數人年輕時比較難思考的一件事，我們多半是看著上一輩的生活來想像。

上一輩對退休多半沒有想法，年輕時拼命賺錢養家，到年老退休就待在家裡，看電視、睡覺、到公園走走，沒有任何生活規劃、沒有培養任何興趣，問他們人生目

標是什麼，他們也說不出所以然來。我很確信的一件事
是：我老後不要像父母輩一樣！

　　那麼，該從哪些面向著手呢？首先，要思考自己喜
歡住在哪裡？住哪個縣市？城市或鄉間？自宅或養生
村？有什麼夢想？要有怎樣的生活品質？1 年想出國旅
遊幾次？以上，會牽涉退休金多寡的問題，這是最現實，
也最能決定「樂活」與否最基本的定義，當然，一定要
量力而為，不能好高騖遠。以我自己規劃的退休藍圖為
例，先思考以下幾件事：

◈ 居住地

　　單身，老後誰來照顧我？所以我很早就決定要去住
養生村，60 歲、身體健康就達到基本入住門檻，我會視
自己的精神、步態等狀況，來決定入住年齡。如果身體
不健康，需要他人照顧看護，就住進照護中心，如此即
可解決老後很難租屋以及沒人照顧的問題。

　　在還沒入住養生村之前，全世界都是我的居住地，
我不需一棟房子來牽絆我，我要透過「游牧」的方式玩
遍世界各地，目前正在執行「居無定所實驗計劃」，把

旅遊與生活結合，走到哪、玩到哪、住到哪，不會出國
3 個月仍必須支付租金，如此可以巧妙將租金與旅費結
合，反而省了一筆開支。

◈ 退休花費

退休前必須掌握自己的生活花費，我記帳 20 多年，
生活基本開銷都已掌握清楚，如此才能確切估算自己老
後每月需要多少生活費，從記帳過程中，我認識自己、
了解自己的消費模式，並且建立一套難以改變的消費價
值觀，所以我才能放心的在 43 歲退休。

想要入住養生村，勢必比住自宅需要存更多的退休
金，而且最好是每個月有源源不絕的現金流入，才能夠
確保支付養生村的費用。明確的目標幫助我擬定儲備養
老金計劃，積極投資共同基金，獲利後轉入保本的養老
險保單中，如此一來，保險公司會保證給付我老年所需
的生活費，直到我上天堂為止。

我階梯式提高退休金提領金額的設計，即是為了應
付年老額外的花費，例如醫療費、看護費、保健品等等。

除了保單外，亦可利用自益信託與銀行簽定合約，

透過公信力的第三機構來監督，按月支付費用給養生村，這樣可以解決失智時財務無法自理的問題，並可事先安排身故後剩餘的資產作為慈善捐贈，幫助弱勢族群。

很多人會問：「妳現在估的金額，沒計入通膨呀？」我很早就在關注養生村的資訊，我物色的養生村，環境舒適、價格適中，我可以負擔得起，當初我就是以這間養生村的費用，列為退休金儲備的目標。我喜歡它的另一個原因，是創辦人王永慶先生曾說過：「我希望台塑集團的員工都住得起。」以這個標準來看，表示普通上班族也應該負擔得起。

我從 2005 年開始觀察它的費用，至今（2023 年）相隔 18 年費用僅微幅調整 2,000 ～ 3,000 元，這種小幅度的調漲，是我能接受及負擔的，若我在 65 歲、70 歲想住進去，又過了 15 ～ 20 年，會漲多少當然沒人能預測，我仍會持續觀察，只要不是太離譜的變動，我都還能負擔得起。

如果真的負擔不起就退而求其次，還是有公立養老中心可以選擇，而且台灣已步入老齡社會，未來的養老機構一定是越來越多，當競爭多時，品質相對也會隨之

054 | 29 歲開始做 43 歲提早退休

提升，我用高規格的目標來準備退休金，先取得入住的門票，怎麼會怕找不到地方住呢？

同等花費甚至可以入住旅館、飯店，他們開門做生意，絕對不會嫌客戶年邁而不讓銀髮族入住，洽談長住方案一定更優惠。挑選喜愛的地點與城市，不受地緣或合約限制，若入住溫泉飯店還可以天天泡湯養生、盡情享受飯店設施，享受當地的人文風情，這樣多有趣呀！

所以，我覺得老後擔心沒地方住，是非常庸人自擾的想法。如果有個優良、適合銀髮族的生活環境，兼顧老年人的食衣住行、育樂、安全、學習、養生，樂活到 100 歲都不是問題呀！

健康

「你要趴趴走的老年生活？還是躺在床上呻吟的老年生活？」沒有健康的身體，一切都免談，很多人工作拼了一輩子，把健康也賠了進去，等到退休才發現「腳麻，走不動了！」說什麼退休要環遊世界？沒有好的體力，搭 10 多個小時的飛機都可以把你累慘，更別說世界趴趴走了。

　　當然也不是不能克服，就是要多花一點錢，坐頭等艙養足精神不會被時差擊倒，吃高檔餐廳以防水土不服，睡五星級酒店數十萬元的高級床墊克服失眠，出門有專屬轎車接送不用走太多路……，在作夢之前，要先掂掂自己的斤兩嘿！

　　我希望自己有健康的身體，趁年輕可以世界各地趴趴走，在我規劃退休金的同時，也進行減重、練體能，把原本三高的問題解決，並且愛上運動，唯有持續保持體能，才能有坑更多地方、拓展視野的機會。

✎ 夢想

　　很多人退休後，覺得自己不再能像職場上意氣風發，原本有看不完的 email、處理不完的待辦事項，退休後戛然而止，彷彿地球停止轉動，自己不再被需要，頓時像消氣的皮球一樣，生活沒有目標、沒有朋友，日復一日渾渾噩噩地過生活，不僅老得快，也病得快，甚至容易失智。

　　人必須要有目標，有目標就有活力，眼睛會發光、氣色會變好、有成就感，進而建立自己的社會地位。

　　如何找到目標呢？在退休前，我把自己的興趣羅列出來，例如登山、木工、女紅、畫畫、手工藝等等，一一檢視後，把需要體力完成的先進行，不需要體力的放後面，所以，我在 43 歲退休時，優先選擇進入登山領域，為了安全的登山，去上許多課程、看許多書，學習很多知識，自己實務操作內化後，再分享知識給別人，從登山新手到攀登 52 座 3,000 公尺以上的台灣百岳，不但練就體能、野外環境的適應能力，也累積自己寫作的能力與知名度。

取得夢想的門票，築夢踏實。

　　不會外文的我，原本對於獨自出國自助旅遊感到惶恐，由於甄選上健行筆記朝聖特派員，成為推動我勇敢出發的力量，做足準備功課後上路，發現不會外文也可以暢行無阻，沒有想像中困難。雖然在國外要一邊健行、一邊完成特派員的工作，比單純旅遊來得辛苦，但也是難得的經驗，在過程中發掘自己的潛能有多強大，再困難的事都可以自己解決。

　　夢想的執行，必須靠健康、退休金來支撐，也不是說沒錢的人不可以有夢想，只是不能做大夢而已，如果有餘裕，我會先把目標設得遠大，「就算射不到太陽，也可以射到山頭」。

　　有多少能力、作多大的夢，先取得入門門票，後面的生活自然就隨心所欲了，不是嗎？

\ 2-2 /
抱著一夜致富心態
只會離退休更遠

退休到底要存多少錢？這真是個大哉問，經常有人喊 2 千萬、3 千萬……，甚至 1 億元，這些數字都很不切實際。

試想，一位月薪 5 萬元的上班族，年薪 60 萬元，從 25 歲～ 65 歲工作 40 年，共賺得 2,400 萬元，若更高月薪 10 萬元，一輩子的工作精華期也只賺到 4,800 萬元，賺不到 1 億元，如何能存得到 1 億元退休金呢？

除非中樂透，才可能得到超額收入，這也表示著很多人都抱著「一夜致富」的心態，但這樣不切實際的想

法，只會讓人離退休越來越遠，因為越急切的人，越容易做錯決定。

退休金規劃，是一個自我了解的過程。

根據統計，中樂透者平均 8 年就會打回原形，甚至負債，為什麼呢？因為財富得來太容易，沒有學會理財能力，就無法守住財富，然而退休金是要供給 30 ～ 40 年的生活花用，曾經擁有，不代表能大常地久，因此退休金一定要用「聚沙成塔」的心態，安穩的去累積。

另外一種人則是認為自己退休後並不需要太多錢，他們幻想移居到鄉下或山上過著深居簡出的生活，每個月只要 1 萬～ 2 萬元生活費即可。這並非不行，只是要先了解自己的個性，是否真的喜歡鄉下？是否能適應寧靜單調的生活？身體健康狀況是否能居住在較少醫療資源的鄉鎮？有些人興沖沖到鄉下或二級城市買房子，打算當成退休宅，住了一陣子才發現自己無法適應。

我認為規劃退休藍圖，就像是一個自我了解的過程，對自己越了解，估算出來的退休金數字落差越小。

　　由於每個人的生活形態不同，需要的退休金額度也不同，很難用一個數字來帶過，可以根據章節 2-1 提到的居住地、健康、生活、夢想等 4 個面向，來架構自己期望的退休生活樣貌，進而計算出合理的生活費用。

從訂目標那天開始，盤點收支、找出財務缺口。

　　可以根據下面的問題，來盤點自己的條件和資源：

　　①建立自我價值：預想自己對退休的定義為何？

　　②財務來源：打算幾歲退休？請先計算、查詢自己退休後會有哪些被動收入來源？例如政府提供的社會保險（勞保、公保、國民年金等）、企業提撥的 6% 勞退金，加上自己可準備的金額，預估每月有多少可支配金額？

　　③消費水平：退休後需要多少生活費？請先確實了解自己每月支出狀況（包含食衣住行、育樂、保險、年度必要支出等）。

　　④財務目標：退休金差額有多少？如何補足？

　　⑤建構財務安全網：預想自己在退休金儲備期或消

粉圓妹的退休藍圖

財務

退休金來源：養老險＋基金＋斜槓收入
每月可支配金額：4.2 萬＋ 1.2 萬＋ 0.6 萬＝ 6 萬元

預估花費：生活費（必要）＋享樂（非必要）
65 歲前：2 萬＋ 1 萬＝ 3 萬元
65 歲後：養生村 3 萬＋ 1 萬＝ 4 萬元

健康

老後照護規劃：入住養生村，不能自理時住安養中心
預估發生年齡：60 〜 70 歲
每月預估花費：養生村 3 萬元，安養中心 4.5 萬元

體能／運動

喜愛的運動：登山、單車
運動計劃：週一、三登山，週二、四騎單車，週五跳舞，
　　　　　　　週六瑜珈
每月預估花費：跳舞、瑜珈課學費共 2,000 元

能力／專長／興趣

已具備的專長：畫畫、攝影
想發展的興趣：木工、烘焙、插花、語文
每月預估花費：社大每科 3,000 元（輪流學習）

耗期，遇到金融風暴，有哪些因應之道（包含現金流、理財策略、資產保全）。

⑥**生活重心**：預想退休後的生活重心，並預估每月花費金額。

⑦**專長及興趣**：列出自己的專長及興趣，並預估每月花費金額。

⑧**健康及運動計劃**：擬定自己的健康計劃和運動計劃，並預估每月花費金額。

⑨**建立人際圈**：針對自己的興趣，找出適合參與的平台（社團、志工、社大、網路社群），並預估每月花費金額。

⑩**老後的安養計劃**：自宅養老、子女照顧、聘請外勞、移居養生村、護理之家……，並預估每月花費金額。

完成上面的問題後，試著畫出自己的退休藍圖，可參考我擬的範例。

\ 2-3 /
沒錢可以存
是誰花掉你的退休金？

退休真的很遙遠嗎？事情其實很簡單，想要錢變多，只有 2 種方法：「開源」兼差增加第二份收入，或是「節流」控制支出。

「粉圓妹，這不是廢話，大家也都知道，切～」真的嗎？如果你知道方法，為何不去做？因為你很懶？因為你很笨？因為你活在當下？因為退休還很遙遠？

有人又會頂嘴說：「生吃都不夠，那有剩餘來曬乾？」但問 10 個人，有 9 個半會說：「我很省，不會亂花錢呀，但錢都不知道花到哪裡去了。」那麼……，到

底是誰吃了你的錢？

　　唯有記帳，才能知道你的錢花到哪裡去了。

存錢，是要給未來的自己。

　　記帳並不是為了要縮衣節食、封閉慾望，而是要提醒自己「儲蓄未來」，比當下花費更加重要。

　　倘若人的一生黃金工作期只有 30 ～ 40 年，這些收入除了負擔現在的花費外，它還需要負擔未來自己年老的生活開支，現在的自己多花 1 塊錢，老後的自己就少 1 塊錢可以生活，我們都希望有一個到處遊山玩水、富足尊嚴的老年生活，而不是等社工送便當的老年生活，所以在工作期，收入賺 2 元，只能花 1 元，另外 1 元要存給「未來的自己」花用。

　　我認為均衡合理的支配花費是一個聰明的做法，當一項花費產生的效益不大時，就要考慮是否有花費的必要，記帳可以蒐集這些數據，幫助你做判斷。

　　曾經債務纏身的粉圓妹，真真切切、踏踏實實地擺脫了它，我沒有什麼特別的技巧，就是積極管理收支！

記帳像擠牙膏，擠出你的錢。

記帳幫粉圓妹擺脫了債務，也幫粉圓妹存到了退休金，是我不用領高薪還能從負債翻身、43 歲提早退休的秘密武器，更是培養我「堅持」性格的最大功臣，它很簡單，卻又充滿學問，道理學會了受用一輩子。

記帳，真的有這麼神奇嗎？是的，千萬別小看這件事，一個小小行為的改變，就會讓你成就另一份事業。培養紀律就從記帳做起，記帳是學習理財的基礎，如果這麼簡單的收支都管理不好，想創造更多財富又談何容易呢？

為什麼我可以連續 10 年平均存薪 50% 來投資理財？因為長達數十年的記帳，讓我更了解自己，懂得什麼是需要、什麼是想要，現在多買 1 件衣服，並不會讓未來過得更好，現在多吃 1 次大餐，老後就可能少吃 1 個便當。

不信你試著記帳 3 個月，你可能會驚覺自己怎麼花那麼多錢在買衣服，或是吃東西、玩樂、買 3C 產品、繳電話費、網路費、健身房……，錢就不知不覺地左手進右手出。

嘿！別說你那麼忙，哪有時間做記帳這種小事呢！很多有錢人、名人都會記帳，只是你不知道而已，當一個人知道自己的錢從哪裡來、從哪裡去，才會懂得如何有效運用！想要提早存到千萬退休金自在生活，現在開始跟我一起做吧！

記帳是基礎工程，更是積極管理的態度！

先想想，如果你的人生是一間公司，好好經營，它就是一間百年企業，想要永續經營，首先最重要的就是每年的盈虧！

假設你這間公司是一家餐廳，除了餐點要好吃外，成本控制絕對是最重要的事，否則有可能天天高朋滿座卻毫無盈利，例如沒有控制好進貨用料的數量，導致庫存食材過多，經常丟掉過期品，損耗過高當然盈餘就下降，如此豈不是白忙一場嗎？

所以，一位成功的老闆，一定要懂得控制成本，而控制成本的方法就是記帳，所以別再說記帳是窮人、小人物才會做的事了，大公司、大老闆金流頻繁更是要記

帳——財務報表就是一家公司的基礎呀！

　　如何避免記帳變成無用的流水帳呢？記帳不是記流水帳，而是要具備：①記錄、②分類、③分析、④檢討、⑤改進、⑥編列預算、⑦紀律執行等要素。多數人因為欠缺了「檢討、改進」，沒有改進當然擠不出更多錢來，導致在原地打轉，一直喊沒錢可以儲蓄或投資，這樣的記帳結果只是得到一連串無意義的數字。

　　透過記錄、分類，看出哪些項目花費比例偏高，藉由檢討來思考降低花費的可能性，繼而付出行動才能改變消費模式，要讓自己能持續改進，最好的方法就是編列預算，例如當年度中旬就把下年度的預算編列好，這才能有計劃的消費，同時知道能有多少資金可投資累積財富。

　　現金流向掌握清楚，對於長期規劃是非常重要的一件事，若不改變心態及做法，只會一直喊「生吃都不夠，哪有剩餘來曬乾」，並不會改變任何現狀，幾年後仍是口袋空空、兩袖清風。

　　有些朋友一聽到「編列預算」就笑說「好像公家機關哦！」是的，一點也沒錯！我們人生就像公司，一間

公司要長期運作，必須訂定規則和機制，才會年年成長有盈餘。

　　若你是一位會計，工作時都在幫公司記帳管錢，自己人生的財務卻管不好，這豈不是很好笑嗎？若你是一位業務，想要收入變高，是不是該注意自己的時間成本，把產能與活動量換算成工時後，會不會比工讀生的時薪還不如呢？這都是非常重要的成本概念，思維決定了未來會不會富有。

用對方法，才能持之以恆並發揮功效。

　　我自 1999 年 5 月開始記帳，剛開始也不得要領，2000 年起開始用 Excel 分類，系統化記帳之後，即可從帳簿看出消費模式有非常明顯的改變，因為記帳讓我看見自己的「錢坑」，找出可以省錢的地方，將省下來的錢移去定期定額投資基金，最後將獲利鎖進保本工具內，成為我能提早存到退休金的轉機，這就是記帳的成果。

　　如果你的記帳沒有成效，表示你忽略了最重要的一個步驟──檢討，數字會說話，你要認真傾聽它，用你

聰明的腦袋找出問題，繼而改變自己的消費行為模式，「錢」就會擠出來，日積月累就成為一筆財富了。

多數人認為記帳很費時，是因為大家會把重點擺錯，一般人記帳的模式是：

早餐：蛋餅 35 元、豆漿 15 元

午餐：雞腿便當 75 元

晚餐：牛肉麵 100 元、小菜 30 元

而我的記帳方式是僅填數字，例如：50 ＋ 75 ＋ 130，不寫中文字，因為你早餐吃什麼東西並不重要，重點是花了多少錢，何必浪費時間去寫中文字呢？但是如果是飲料，我會特別寫中文註記，因為 3 餐不吃會死，飲料不喝不會死，必須把「必要支出」和「享樂支出」分開，當今天想要擠出錢來儲蓄，當然就是從享樂支出項目下手刪減，如此省錢才不會犧牲掉自己的健康。

這樣無形中節省了很多時間，就不會有藉口說浪費時間了，再利用 Excel 表做好項目分類，它自動就會加總、統計，其實很省力。

舉例說明，先將收入扣除必要支出，例如：房租、房貸、教育費用、稅金、保險等，遵行「收入－儲蓄＝

支出」原則，撥出適當的金額作為儲蓄，可以另外開一個戶頭存起來；如果自制力不強，可以選擇定時定額投資基金等投資工具，強迫自己把錢扣掉，不但能存起來，也可以有相對的報酬利得。

剩餘的金額則分配到食、衣、行、育樂等項目，假設「食」分配到 1 個月有 3,000 元的預算，就提醒自己每天只能花 100 元，若有時與朋友聚餐多花了錢，隔天就吃便宜一點的便當，如此也不會讓你在朋友面前很沒面子啦！

我會先做一個隨身帳簿，訂成薄薄小小的一冊，放在女生皮包也不會造成負擔，簡單的將花費分成幾大類，並且隨時記錄花費。

之後將每筆簽帳單金額、銀行存款結餘都記錄到 Excel 上，每個月打入年度支出表內，即可做出整年度的「支出分布圖」，讓你一目瞭然自己的支出狀況。記了幾個月之後，便可以清楚看出自己偏向哪一類的花費，比例是不是合理？有沒有空間再向下調整？慢慢的把儲蓄或投資的比例放大，久而久之你就會習慣這樣的花錢方式了。

無法持續記帳，你有哪些藉口？

根據我多年的經驗，無法持續記帳的人通常有以下藉口，可以自我檢視一下。

藉口 1：意志不堅定 忘了幾天就放棄

有人會說：「無法堅持記帳，經常記一陣子，某天忘記就決定放棄了！」我聽過太多人這麼說，只要忘了 3 天以上，就決定「放厚伊去」，那一定是 1 天花太多錢，才會想不起來，為什麼不努力回想呢？這也是訓練腦力的好方法呀！

其實只要回想當天走過的路線，很容易記起吃過、買過什麼了，用發票載具查詢也可以幫助回憶，若是去傳統市場買很多品項又沒有發票時，回家後不要急著把菜放入冰箱，看著菜就容易回想出各項價格，就算真的想不出來，就記一個大概數字，初期有點不精準也沒關係，最重要的是持續累積。

我覺得有些人的問題不在於記性差，而是內心不夠堅定，只是為了記帳而記帳，並沒有看到它的重要性，

如果真心覺得這件事是重要的，就不會輕易放棄。另外，可以了解自己容易放棄的原因，再對症下藥，如果小事都無法堅持，那如何能對大事堅持呢？理財是件長遠的事，把地基打穩，才能在上面蓋房子呀！

　　當然我也不是要大家都學我一樣，每一塊錢都要計較，初期掌握大原則記重點就好，等有更多領悟時，自然會有更多的想法。

✎ 藉口 2：儲蓄好難 找不到堅持理由

　　有人會說儲蓄好難，但換個角度想，如果今天是討債公司每個月要你還 1 萬元，你會不會乖乖還呢？當然要還！不然被潑漆、恐嚇、斷手斷腳嗎？把存錢當還負債一樣的「還」，放入有效率的投資工具裡，讓錢長大。

　　我就是從扣 6,000 元、買 2 檔基金開始，當加薪後又有餘錢時，再繼續買第三檔、第四檔……，到十幾檔基金，累積到 100 萬元資產花了 4 年多，但第二個 100 萬元資產卻只花 2 年多，這是粉圓妹負債後，還能維持高儲蓄率的獨門必勝絕招——把儲蓄當成還債、不存錢就會斷手斷腳。

我要追求大幸福，不要小確幸！

有人說我因為有會計天份，所以才這麼會控制預算，我說不是會計而是算計，我非常有成本概念，開一家餐廳，不是廚藝過人者會賺錢，而是有成本觀念的老闆會賺錢，把「自己」當成一家公司在經營，財報清楚就會有錢。

再問我會不會買汽車，我說：「以會計的角度，汽車一落地就折價，它並不是一項資產」，而且還要付油錢、停車費、洗車費、燃料稅、保養維修費、保險費，使用成本非常高，如果它不能為你生財，就是一項奢侈品。很多年輕人都用分期付款去買汽車、手機，以為分攤了支付壓力就是賺到，其實換算總價都偏高，支付過多利息而不自知。

其實省錢並不難，只是轉個念而已，把平日不該花費的小錢省下來，它並不會讓你有痛苦感，把它存下來，可以讓你提早退休、雲遊四海，「省一時，幸福一輩子」，這個算盤怎麼打都划算，是不是呀！

粉圓妹記 Excel 帳本範例

	項目＼月份	1月	2月	3月	4月	5月	6月
食	三餐	2,901	2,232	3,242	3,177	2,615	3,694
衣	服飾／配件	243	0	249	0	0	0
	化妝／保養品	372	79	59	0	190	29
	整髮	0	153	0	0	0	0
住	房租／房貸	0	0	0	0	0	0
	日用品	120	112	8	154	251	101
	醫藥／保健	500	180	252	0	135	200
	電費	0	0	0	0	0	0
	水費	0	0	0	0	0	0
	瓦斯費	0	0	0	0	0	0
	青旅住宿	5,000	3,243	5,000	5,000	5,000	5,000
	行動電話費	12	48	28	46	45	5
	視訊／網路費	0	0	0	0	0	0
	管理費	0	0	0	0	0	0
	倉儲	1,020	1,020	1,020	1,020	1,020	1,020
	手續費	0	0	0	0	0	0
行	汽油	0	0	0	0	0	0
	交通費	0	914	556	0	474	0
	駕照、行照	0	0	0	0	0	0
育樂	一般育樂	300	300	89	158	0	203
	國內旅遊	0	0	0	0	0	0
	國外旅遊	0	0	0	0	0	0
公關	節慶禮金	0	12,600	0	0	2,000	0
	聚餐、團購	0	0	0	0	0	0
	紅白帖交際	0	0	0	0	0	0
稅金	所得稅	0	0	0	0	0	0
	房屋、地價稅	0	0	0	0	0	0
	燃料稅	0	0	0	0	0	0
保險	保單 1	0	0	0	13,000	0	0
	勞健保	1,498	0	1,652	0	1,652	0
	保單 2	1,880	788	0	0	0	0
投資	基金投資	0	0	0	0	0	0
	保險投資	0	0	0	0	38,513	0
	股票投資	0	0	0	0	0	51,867
	其他投資	0	0	0	0	0	0
其他	其他	0	0	0	0	0	0
	小家電	0	0	0	0	622	47
	電腦	0	0	0	0	0	0
	修繕	0	2,350	0	100	0	0
	進修	0	0	0	0	0	0
純費用支出（不含存、貸）		14,124	24,865	12,155	22,655	14,060	10,299
合計		14,124	24,865	12,155	22,655	52,573	62,166
入超／出超		232	−11,981	3,552	−2,167	−39,573	−538

準備篇：看見危機 要勇敢奮力一搏　**Chapter 2**　075

① 將每筆帳單金額、銀行存款結餘每個月輸入年度支出表內，隨時知道自己有多少錢。

7月	8月	9月	10月	11月	12月	合計	平均
3,174	3,571	3,670	3,475	4,153	2,988	38,892	3,241
0	0	0	0	0	94	586	49
86	0	0	108	0	0	923	77
0	132	0	0	88	73	446	37
0	0	0	0	0	0	0	
40	126	4	255	60	39	1,270	106
170	107	0	100	369	280	2,293	191
0	0	0	0	0	0	0	
0	0	0	0	0	0	0	
0	0	0	0	0	0	0	
5,000	5,000	5,000	5,000	5,000	5,000	58,243	4,854
10	24	157	56	41	53	525	44
0	0	0	0	0	0	0	
0	0	0	0	0	0	0	
1,020	1,020	1,020	1,020	1,020	1,020	12,240	1,020
0	0	0	10	0	0	10	1
0	0	0	0	0	0	0	
0	0	581	508	0	0	3,033	253
0	0	0	0	0	0	0	
598	0	147	349	0	120	2,264	189
0	0	0	0	0	0	0	
0	0	0	0	0	0	0	
0	0	2,000	0	0	0	16,600	1,383
0	537	0	0	0	0	537	45
0	0	0	0	0	0	0	
−14	0	0	0	0	0	−14	−1
0	0	0	0	0	0	0	
0	0	0	0	0	0	0	
0	0	0	0	0	0	13,000	1,083
1,652	0	1,652	0	1,652	0	9,758	813
0	0	0	0	0	0	2,668	222
4,000	5,000	0	0	0	0	9,000	750
0	0	0	0	0	0	38,513	3,209
0	0	0	0	0	−51,867	0	
0	0	−20,332	0	0	0	−20,332	−1,694
388	0	0	−1,693	−1,833	−1,411	−4,549	−379
0	0	0	0	0	0	669	56
0	0	0	0	0	0	0	
0	0	0	0	0	215	2,665	222
0	0	40	0	0	0	40	3
12,851	11,212	14,451	9,805	10,603	9,696	166,776	27,796
16,851	16,212	−5,881	9,805	10,603	−42,171	193,957	32,326

② 依分類檢視花費，定期檢討才能發揮記帳效益，改善支出、存款狀況。

項目	合計	平均	占總支出比率
食	38,892	3,241	20%
衣	1,955	163	1%
住	74,581	6,215	38%
行	3,033	253	2%
公關	17,137	1,428	9%
貸款	0	0	0%
稅金	−14	−1	0%
保險	25,426	2,119	13%
投資	27,181	2,265	14%
其他（含登山、育樂）	5,766	480	3%
總計	193,957	16,163	100%

③ 做出整年度的「支出分布圖」，讓你一目瞭然支出狀況。

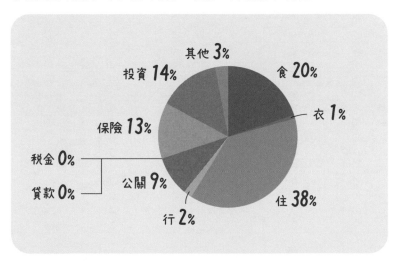

\ 2·4 /
單身或已婚
都要面對一個人的老後

在前面提到，粉圓妹退休藍圖的起心動念，源自於「嫁不出去的人生關卡」，因為意識到我會晚婚或不婚，在 29 歲時就開始思考老年誰來照顧我的議題，著手進行退休金的規劃，逐年將基金獲利放到養老險去穩穩地鎖住，所以老後我有基金配息和養老險 2 個水庫，可以按月或按年支付我生活費。

單身受到的歧視，沒經歷過的人不會明瞭，說單身很可憐、沒人愛、是社會的負擔，甚至被路人批「浪費健保資源」！這種可怕的言論，時不時會竄入耳裡，侵

蝕人心。

有些人看到我「居無定所實驗計劃」充滿了自由，就會有人酸溜溜地說：「因為妳沒結婚，沒有負擔！」、「因為妳一人吃全家飽，所以可以提早退休！」我要不客氣的說：「你結婚、被困住，不是我的錯！別算到我頭上。」

🎒 走出象牙塔，活出自己的新人生。

我用獨立、勇敢、超前部署、嚴格執行 10 年存薪 50% 計劃，來掙脫無數嫁不出去、沒人要、剩女等鄙視言語，換來的自由都是我辛苦努力得來的，沒有一點一滴是靠別人，現在，我只是在享受成果，這是我應得的！

俗諺「夫妻是上輩子相欠債，這輩子來還」，現在我會說還好我上輩子沒欠債，這輩子不用還，下輩子也不用還，大概有 8 輩子都不用還債，哈哈哈！

我一直把「老後生活」的規劃看得特別重要，我深知唯有把自己安排好、對自己負責，才不會被人看輕，跟結婚與否沒有任何關係，我單身，我驕傲！也奉勸已

婚婦女，不要把自己的怨恨情緒，往單身者身上潑潑，妳的婚姻是妳自己選擇的，好壞也是妳自己的功德與業障，唯有真心愛自己的選擇，人生才會真自由。

事實上，現在「婚後單身」的人非常多，婚姻並不是安全網，有時候反而是避免別人異樣眼光的保護色，在外人看來相敬如賓，實際上是相敬如冰——各自有生活習慣，不互相影響與干涉。這樣的夫妻關係退休後只會更明顯，老公退休後就像家庭的大型垃圾，不會主動幫忙，只會下指導棋，把職場的權威帶回家，促使女性想掙脫束縛積極投入社交活動，所以在外參加講座或活動時，我發現女性參與者總是比男性多。

我認為，不管是因為未婚、失婚、喪夫而單身，甚至卒婚而走上「一個人的老後」，女人都要愛自己，學會勇敢、獨立，放手大膽去飛翔、體驗人生，走出象牙塔，活出自己的新人生。

從中年開始，培養「獨立老」的能力。

有時財富不是這一刻擁有幾千萬元，就能宣稱財務

自由、可以退休了，財富追求的不在於多或曾經擁有，而是能夠擁有（花用）到最後。

粉圓妹的「退休金藍圖」最重要主軸就是保全資產，退休金規劃著重在：安穩有保證、能持續領到上天堂、節稅、不會被「五光」（騙光、借光、花光、虧光、索光）。

父母留的房子，我讓給比較需要安全感的兄姊居住，當時我只有提出一個條件：「退休金我都準備好了，我可以不需要靠父母的房子，但絕對別想拖累我！」親情的牽累很難拒絕，事先表明、劃好界限是最明智的做法，很多人老後出現財務問題都是敗在親戚關係，不懂得拒絕、沒有守住最後防線，連帶把自己的老本都拖下水。

我認為每個人都會走向「一個人的老後」，只是時間來得早晚的差別而已，所以單身族跟已婚族的退休規劃沒有太多不同，即使有子嗣最好都先當成沒有，不要有依賴子女的想法，老後子女願意多盡心力就當賺到了。

從中年起就要培養「獨立老」的能力，及早思考、長遠安排，老後就會怡然自得了，29 歲開始思考 60 歲時的生活，41 歲時布局 85 歲時的人生，50 歲就完美安排 100 歲時的晚年，對自己人生各階段的安排思考要非

常長遠，我歸納出「一個人老後的 8 大規劃」，在這裡和大家分享。

① 老後有錢有尊嚴

不需要追求家財萬貫的總資產，應該著重在有源源不絕的現金流，財富再多不會管理，也可能一夕消失，有安穩的財務計劃，才能安心從事有興趣的事。

② 用保險規避人身意外風險

壯年期與退休期需要的保障不同，重新檢視保險規劃是否足夠。我意識到退休後，戶外活動時間比上班工作時期還要多，就加強意外險、意外醫療險。此外，老後疾病發生率變高，住院醫療額度也一併調高，利用保險規避人身風險，避免疾病拖垮財務。

③ 持續存體力、存健康

不想把退休金花用在病床上，就要降低臥床的機率或延後臥床年齡，把運動當成每天的重要功課，持續不斷地存體力、存健康、存活力。

④ 獨立自主一路玩到掛

不買房、住旅店,「居無定所」走到哪、玩到哪、住到哪,飽覽世界各地風土民情,旅居全世界。

⑤ 老後入住養生村

玩累了、玩不動了就入住養生村,環境好氣氛佳,擁有自由,不怕無人照顧孤獨終老,養生村內有許多學習課程,終身學習不無聊,若有專長亦可成為講師發揮價值。

⑥ 財產自益信託、自書遺囑

保證老年生活費能專款專用,不怕錢被騙光,即便失智無法自理,亦可按時付費給安養機構,不怕變人球。

⑦ 事先安排遺產分配

不需要留太多財富給後輩,避免後輩們爭產,我在退休後(2012 年)即把保單受益人做了調整,將三分之二身故保險金捐給 12 個社福團體。這個做法很簡單,只要先查好想要捐獻社福團體的資料,填妥保單變更申請書遞

交保險公司即可，保險公司就會在身後按約定去執行。

另外，可利用「自書遺囑」把財產做好分配，只要具備以下 3 要件，即可有法律效力：

①拿一張紙（不能是衛生紙），標題寫明「遺囑」。

②全文一定要自己親手寫（不能用印刷或電腦打字），最後立遺囑人要記得簽名。

③立書日期不要忘記寫年月日，民國或西元寫法都可以，但千萬別寫成民國 2023 年。

自己書寫並不一定要請律師，但是寫完遺囑之後，要交給信得過的朋友保存，或放在保險箱，告知信任的朋友有遺囑存在，並委託一位遺囑執行人，以免突然過世，若沒有人來執行遺囑、或沒人知道遺囑的存在，就等於沒寫一樣。遺囑寫完之後隨時可以重寫，若有多張遺囑，其效力以最後日期為準。

若以上存放方法都覺得不夠安心，亦可花一點小錢交給律師存放，或至法院公證，將會永遠存檔在法院內。

⑧ 身後花葬樹葬

生前熱愛大自然、生後歸於大自然，後代免操煩。

　　聽過很多家族會為了親人後事要豪華辦或簡單辦而爭吵，其實大家不需要避諱，提早把自己的意願告訴家人，可以減少許多紛爭與猜測。像我母親過世時，我提議植葬，起初家人不太能接受沒有具體碑牌的殯葬方式，我解說大致狀況，並與家人實地探訪，了解環境及流程。

　　結果一到陽明山臻善園，望著眼前的青山、清新的空氣、開闊的空間，感到非常滿意，不但達成共識，家人們紛紛表態希望自己以後也要安葬於此，立刻達成共識，決定讓母親在這好山好景的地方長眠。

\ 2-5 /
三明治中生代
該怎麼安排自己？

有網友問我：「在退休後追尋自己的新人生時，難道家中沒有照顧長輩的責任嗎？對於身處於三明治的中生代，該怎麼安排自己？」

在為母親治喪的文章裡我提到，感謝父母在生前沒有一天臥床，畢竟舊時代的長輩們，沒有保險觀念、更沒有長照準備，能夠不在床舖上度過餘生，真是父母給子女最大的禮物。更要感謝兄姊，一直都在父母身邊陪伴，讓我這個習慣在外闖盪的遊子，沒有太多羈絆。

家家都有一本難唸的經，我們家當然也不例外，只

是剛好配合得很好，哥哥喜歡宅在家，我喜歡往外跑，我常說我哥、我姊的膽子都長在我身上，才讓我勇氣十足，我們也不會為了經濟問題、責任問題爭吵。

雖然我不是三明治一族，沒有辦法給三明治族一個好的解答，不過在我思考退休這個議題時，父母輩老年生活成為我的參考範例，我總是想：退休後我不想和父母一樣整天待在家不出門、退休後我要有現金流，才不會常常唉聲嘆氣、退休後應該多學習新知、拓展視野，讓人生更有活力⋯⋯

我曾在網路上看到一篇文章，作者自述老後自宅養老的心路歷程，故事主角的心境值得我們思考，提醒自己準備退休生活時，有許多面向必須一併規劃進去。

自宅養老，是最好的退休安排？

作者是 70 歲左右的一對老夫妻，與妻子都是理科教職退休人員，退休金優渥不虞匱乏，住在為退休準備、坪數適中的自宅，2 個孩子各自在北部有家庭。老先生自詡為退休生活做了規劃，剛退休時兩老經常結伴出遊，

生活過得很愜意，兒子、媳婦們讚許兩老很會安排生活，堪稱是銀髮族的典範。

不過，老夫妻各自有了慢性病後，體力大幅衰退，從旅行伴侶變成對方的看護，樂活的退休生活急轉直下。

有一天，老先生病發，鄰居急幫忙叫救護車送醫，擔心老太太跟隨會太緊張，便說服她留在家中，沒想到老太太獨自在家中昏倒，直到隔天早上鄰居按電鈴才發現救起，自此之後，兩老決定不論誰住進醫院，另一人也要一起入院，倆人躺在毗鄰的病床上，緊握著對方的手，醫護笑稱老夫妻曬恩愛，其實老夫妻內心充滿無助，只能靠手牽手來得到支持與力量。

體能如斷崖式般下降，超乎他們的預期，為了居住安全決定請看護，沒想到連看護都很難請，好不容易排隊請到看護，費用昂貴又達不到預期，請了一段時間後退掉，兒子們以為兩老是不想花錢，故意挑三撿四，媳婦們也不願意同住，最後決定去住養老院。

口碑好的養老院通常要排隊，他們很幸運地如願找到不錯的養老院，也順利簽約入住，他們挑中的養老院有獨立門戶，2 人費用 6 萬多元，包含食、住、醫療，

雖然負擔不成問題，但作者透露，整理物品移居養老院時，覺得自己要去養老院等死，滿心惆悵……

退休不只是錢的問題，健康才是根本。

從這個故事，粉圓妹看到許多問題，很多人認為有一間可以安居的老宅、一筆終身俸，就是完善的退休計劃，忽略了健康才是樂活最基礎的問題，沒有健康的身體，一切都免談！

還有，老後住養生村是粉圓妹規劃中老後的家、最期待的歸宿，但在兩老口中卻是像在「等死」，怎麼會差這麼多呢？這就是粉圓妹一再提醒的，儲備退休金的同時，也要立刻展開存健康、存體能、存能力，強調退休必須做到「4 存」，做好身、心、靈的準備，不用很有錢，也可以很樂活。

提早退休樂活公式

持續運動＝身體健康＝世界趴趴走＝減少醫療看護費＝少存退休金＝提早退休

　　上述公式簡單易懂，運動是不花錢的投資，而且是無本生意，為何不行動呢？從上面的故事可以看到，老夫妻強調自己是理科出身，對退休有規劃，但是他們忘了運動這件事，雖然剛退休時會出去玩，但低強度的玩樂並非運動，沒辦法提升肌力、心肺功能，突然生了一場病後，就發現體能出現斷崖式的下滑。

　　我剛退休時有次登山摔倒骨折，開完刀隔天醫師就叮嚀我要動腳趾頭和抬腿，醫師說骨折要修復 3 個月，如果 3 個月都不動，肌肉萎縮速度很快。我很聽話，照著醫師的醫囑，痊癒後仍然可以分辨出一隻腿粗、一隻腿細，拆了石膏後積極地把晨跑當成復健，體能完全打掉重練，必須更加努力才能恢復原來的狀態，1 年後我的體能更強了，印證了「打斷手骨顛倒勇」這句話，可想而知，如果觀念不正確，就會產生許多後遺症。

　　若到 60 多歲還沒意識到肌肉量會隨著年齡迅速流失，要把肌肉養回來、肌力練回來，更是要加倍、再加倍努力才有可能讓體能逆轉，可惜多數人都貪圖輕鬆，以為做幾下柔軟操就叫做有運動了，到最後吃虧的還是自己。

心靈健康不容忽視，老前先調整心態。

很多熟齡族老後會陷入憂鬱、有許多抱怨，無論是身體上、心靈上已不若年輕時靈活，無法調適時就會出現一些令人不解的行為或言語，讓人感到難以相處。

從老先生的字裡行間，我看到滿滿的憂鬱，雖然他認為已理性安排自己的生活、說服自己要靠自己度過餘生、不給子女添麻煩，但情緒上他們只是在壓抑自己，並沒有真心喜歡自己的選擇，顯見老夫妻的觀念仍十分守舊，覺得去養老院居住就是等死，人生正在倒數計時。

從老夫妻選的養老院收費來看，我評估應該是一間具規模的養老院，裡面會有完善的設施，像是健身房、交誼廳、廣大的庭院可以活動，許多課程可以學習，很多同齡層的朋友可認識，根本不會無聊，應該用渡假的心態入住，而不是坐牢、等死，尤其老夫妻還可以自理，行動自由度仍然相當高，心態若沒調整好，走到哪、住到哪都會不開心。

心態上來不及調適，這點是多數人看不到的危機，以為有房產就可以解決所有的老後問題。粉圓妹很早就決定

不要被房子綁住，老後立志要住養生村，趁年輕時有較佳的適應與調適能力，到處趴趴走開拓視野，保持接受新事物的好奇心與彈性，就不會躲在框架中鑽牛角尖。

此外，照顧長者並不表示要犧牲自己的理想，像龍應台、吳若權、張曼娟等幾位名人，長期處於照顧者的角色，但他們都兼顧照顧責任與個人發展，表示方法是有的，用心思考也許就能找到那個平衡點。

旅行治百病，鼓勵父母出遊去吧！

有位讀者來信說，她跟父母分享我「居無定所實驗計劃」在花蓮 Long Stay 的生活，願意幫父母訂房，效法粉圓妹到台灣各地體驗生活，沒想到父母一口答應，手足們也很支持，我看了真心為她感到開心！

我的退休生活很另類、創新，多數 5 年級以上的熟齡族都無法接受，若你是處於三明治族群的夾心層，鼓勵父母出遊是最聰明的做法，旅遊可以治百病，因為沒時間煩惱，心情開朗了，對兒孫輩來說就是福氣，大家日子會更輕鬆和樂。

　　如果你是長輩，愛護兒女最好的方法就是照顧好自己，多運動、多學習，把退休生活過得精彩，不要整天在家裡對子女叨叨唸，讓子女生活備感壓力。

　　有很多讀者跟我反應，想學我一樣世界趴趴走，卻有很多跨不出去的理由，我體悟到，中年後必須把身、心、靈三方面，都打造成走到哪裡都好適應的狀態，用少少錢就可以游牧全世界。

　　旅遊可以增廣見聞、身強體健、延緩老化、拓展人際、吸取新知、心情愉快、消除百病，好處太多太多了，熟齡族一定要親自來體會！

＼ 2-6 ／
信託費用不貴
避免退休金「五光」！

　　個人的老後，誰來照顧你？前面說到我 29 歲時就思考這個問題，於是有了「退休藍圖」的構思及規劃，除了長期堅守紀律儲蓄、透過投資共同基金滾大資產外，還把獲利的錢，利用保險把退休金化整為零，銀行戶頭不需留有太多的現金，卻能領錢花用一輩子，避免退休金被「五光」——騙光、借光、花光、虧光、索光的情況發生。

　　為什麼我特別怕「五光」，來自於自身經歷及社會觀察。

🎒 握有千萬資金，不見得是未來保障。

到底需要準備多錢，才能宣布「我要退休」？

很多人對於沒有一筆千萬現金存在銀行戶頭裡，就嚷著「我退休了！」很不以為然，會有這樣質疑一點也不意外，因為很多人對於退休的觀念都來自父執輩的狀況，老一輩的人沒有太多理財工具，唯一能做的就是將幾十年工作辛苦攢下來的錢，一點一滴的存在銀行裡，然後再慢慢花用，這樣的狀況也造成許多社會悲歌。

我 19 歲入股公司，23 歲開公司擔任負責人，25 歲賣掉公司賺得人生第一桶金，說到這人生好像一切順遂，但現實是，當自己還沒具備正確理財能力時，第一桶金隨時可能賠光。

當時理財觀念差、心態不正確、胡亂投資，100 萬元很快就賠掉和花掉了一半，還好 29 歲意識到退休規劃一事，將剩下一半的錢薑繳保費，把錢鎖在保單裡。

32 歲經歷股市斷頭，資產賠光變成卡奴後才頓悟，唯有穩紮穩打才能累積財富，於是我重新學習正確的理財觀念、理財知識、理財工具、保全資產的方法，勒緊

褲帶 10 年、存薪 50% ～ 60%，利用共同基金來聚沙成塔，停利後轉至養老險保本，目的就是希望可以住進養生村，保障我老後的生活有人照料。

　　這就是我把退休金化整為零的初衷，我要現金流花用，而不是放一筆錢在身邊，有時候，身邊有錢野心就大，看到、聽到投資機會不心動嗎？會不會突然失心瘋，All in 在一項風險極高的投資裡，把所有退休金都虧光？所以，現在你手中有幾千萬元退休金，也不見得是未來的保障。

老後被騙光一生積蓄，情何以堪？

　　我看到一則新聞：假檢察官「監管」帳戶，一位退休女老師近 900 萬元老本，遭車手日領 30 萬元，一生的辛苦錢，就在短短 1 個月被騙光，讓 70 多歲的退休老師情何以堪。很多人難以想像為什麼會有這種事情發生，一定會有疑問：「退休老師是高知識分子，怎麼那麼容易被騙呢？」那是因為我們還沒老，無法想像年老時腦袋的退化程度，我從家人老後的行為觀察才明白。

　　我父親年輕時各項水電都略懂一二，具有簡易的修繕能力，有次節日回父母家，一群人坐在沙發看電視，突然有中華電信工程人員按電鈴問是否有叫修市內電話，原來是父親說市內電話不通，自己打電話去報修，結果工程人員檢測後說線路沒問題，循著線路到接線話盒後說：「老伯，電話線沒接上電話盒，電話是不會通的！」

　　那時我覺得好窘，工程人員一定想，這些坐在沙發上翹二郎腿的子女都沒在關心家裡的事，才會讓年邁的父親搞出這種烏龍，同時我也很意外父親的狀況，年輕時簡單的水電修繕都可以自己來，怎麼現在連插頭沒插這種事都會疏忽？那時我才恍然大悟，原來年老後有很多力不從心的事會發生，是年輕的我們無法想像的狀態，有時老人好強、不想麻煩子女，勉力自己去做，有可能因此造成更多安全上的問題。

　　除了怕資產被騙光、投資失利虧光外，還三不五時聽到親朋好友開口調頭寸、子女回來要錢，或者失智被遺棄、財產被侵占、得躁鬱症把錢花光、又或者被覬覦綁架勒索呢？這些退休金被「騙光、借光、花光、虧光、索光」的情況，很多是利用人性弱點，難以控制。

年輕時我們可以自信地說能嚴格把關，卻無法保證年邁後還能一樣有條理，所以需要靠事前一些機制來避免，例如利用信託約定按年或按月來給付給自己，或是直接給付予養護機關，以保全年老時的生活無虞，或購買可以按年或按月給付的保險，就算遇到詐騙，頂多被騙走 1 年的生活費，來年還可以續領生活費，避免一生的血汗錢被淘空。

做退休規劃，眼光要放遠。

那時，在公司聽了一堂信託課後，我了解到保險可以做到終身保證給付外，財產信託也可以解決我「一個人老後」的財務問題，我說將來我要財產信託，同事還笑我：「妳是有多少錢呀！」或是有人會說：「養生村很貴耶，有錢人才住得起！」

請不要以有限的眼光，去看待未來的世界，有遠見、有規劃就能及早準備、提早退休。

無論單身、已婚、有無子女，每個人都可能面臨「一個人的老後」，尤其是女性平均壽命較長，有可能會比配

偶多活個 10 年，獨居老人會面臨安全、行動不便等問題。

退休生活的年數，不能只想到平均餘命，根據我多年觀察，每 3 年平均餘命會增加 1 歲，再過 10 年女性平均餘命即會來到 87 歲，再過 20 年女性平均餘命即變成 91 歲，說要活到 100 歲都不意外，所以，我的退休計劃是以 100 歲為目標，思考的是 50 ～ 60 年後的生活及世界，眼光一定要放長遠。

所以，提早規劃老後居住地，是很重要的一件事，不要等到發生了再來調整安排，那時可能面對的不只是財務負擔問題，還有一般人會忽略的心理、適應等問題出現。

前面我有提到退休金是以入住養生村的費用來準備，我會挑選一家同時有護理之家的機構，以後如果生病了，可以優先住進同集團的醫院，接受治療，恢復健康再回養生村，若短期或長久需臥床靠人照料，即可轉進護理之家。

風評好的護理之家通常要排隊，入住同一個集團，在轉換上較有優勢，沒有後裔也不用擔心，管理單位會幫忙安排，轉來轉去的手續都不需操勞，安心休養即可。

註：內政部 2022 年 8 月 19 日公布「2021 年簡易生命表」，國人的平均壽命為 80.86 歲，其中男性 77.67 歲、女性 84.25 歲。

完美金流圖，快樂面對老後生活。

　　我自己設計了一張「富裕退休／長照計劃」的金流圖，我把住養生村及護理之家的基本開銷都算好了，對於未來需要多少錢來支應生活開銷，心裡已有基本的指標與方向，不會空想、空煩惱，產生過多的焦慮。

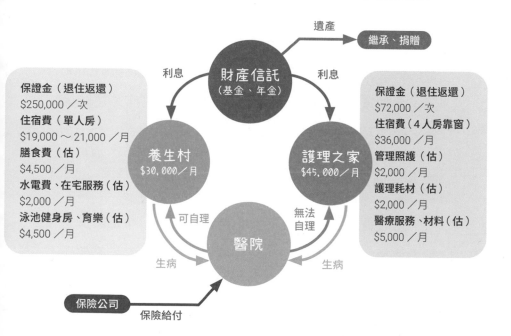

富裕退休／長照計劃金流圖

財產信託（基金、年金）

遺產 → 繼承、捐贈

利息

養生村
$30,000／月

保證金（退住返還）
$250,000／次
住宿費（單人房）
$19,000～21,000／月
膳食費（估）
$4,500／月
水電費、在宅服務（估）
$2,000／月
泳池健身房、育樂（估）
$4,500／月

護理之家
$45,000／月

保證金（退住返還）
$72,000／次
住宿費（4人房靠窗）
$36,000／月
管理照護（估）
$2,000／月
護理耗材（估）
$2,000／月
醫療服務、材料（估）
$5,000／月

可自理　　無法自理

醫院

生病　　生病

保險公司 — 保險給付

✎ 健康版

·**50 ～ 69 歲**：將生活與旅遊完美結合，自由自在周遊列國，飯店、旅店絕對不會拒絕老人入住，根本不需要擔心沒地方住的問題。

60 歲後我即擁有入住養生村的資格（年齡、健康、支付能力），不過以我的健康體能狀態，應該可以繼續保持到 70 歲、甚至 75 歲，在 60 ～ 70 歲之間的安排我保留彈性，儘量到世界各地去遊覽，豐富視野、體驗人生，等到玩累了想落腳休息時，就提早入住養生村。

·**70 歲後**：住養生村，預估費用每月 30,000 元（包含住宿費 19,000 元、膳食費 4,500 元、水電服務費 2,000 元、運動育樂費 4,500 元），期間若短暫生病、住院等情況發生，原有的醫療保險可以支應。

✎ 生病版

指的是無法自理需要人照料的狀態，不論是處於有意識或無意識，當需要長期醫療的慢性病、或是需要三管醫療服務（鼻胃管、尿管、氣切管），根據病況可入住護理之家或養護中心，預估費用每月 45,000 元（包含

4 人房住宿費 36,000 元、管理照顧 2,000 元、護理耗材 2,000 元、醫療服務 5,000 元）。

並且，我擔心當我陷入無意識狀態時，沒人可以處理財產、支付養護中心費用，故把信託金流都設計好了，利用安養信託來解決財產及支付問題，就算沒有後代子嗣，我也不用擔心被養護機構趕出門，或所託非人財產被挪用、騙光，變成孤苦無依的下流老人。這點很重要，一定要趁著年輕腦袋清楚時做好規劃，保全資產是「老前」重要的課題，千萬別等到老後再來愁。

信託管理費用，比定存利息低！

說到財產信託，很多人誤以為是有錢人的專利，其實並不是，它的收費沒有大眾想像中的高昂，基本上會有幾筆費用：

①簽約金：約 1,000 ～ 5,000 元，簽訂合約時收取 1 次（各家銀行收費略有不同，有些銀行特定條件免收）。

②管理費：按信託財產淨資產價值依年率 0.2% ～ 0.5% 計收，每月最低 100 ～ 500 元（各家銀行收費略有

不同）。

③**修改費**：除非中途需要修訂契約內容才會再收費，約每次 1,000 元（參考資料：中華民國信託業商業同業公會）。

就算信託的財產只存放在定存內賺取 1% 的利息，也足夠支付 0.2% ～ 0.5% 的管理費，所以基本上不會侵蝕掉本金。有些養生村有配合承作信託業務的銀行，已談定更優惠的收費方案，不妨直接向將入住的養生村詢問相關資訊。

有人擔心未來物價上漲，養生村或安養中心費用提高後不夠支付？其實一筆安養信託即是一份合約，並無規定一筆信託的金額大小，可依照個人的需求設定，合約簽定後亦可以修改變動（須支付修改手續費）。

假設，第一次簽訂安養信託 500 萬元，約定支付養生村每月 3 萬元住宿費，約計可支付 13.8 年，數年後費用調漲，500 萬元信託基金只夠支付 11 年，屆齡 80 歲還健康活著，到時可再交付一筆 500 萬元（或更多）信託，即可再支付 11 年至 91 歲。

或者，有人擔心錢放在身邊不安全，可於一開始就

簽訂 2 筆安養信託合約，合約內明定支付規則或開始支付時間即可，也可以指定若提早上天堂，將信託基金內的資產餘額捐給慈善機構。

年輕還有犯錯空間，別在老後才跌跤。

勒緊褲帶 10 年、存薪 50%，未來就有 50 年的好生活，你願意嗎？

粉圓妹 29 歲心中有退休藍圖，32 歲的跌倒頓悟，才能在 43 歲開除老闆，過著自由自主的退休好日子，這一切都說明「及早準備」的重要，套句 2020 年的流行語「超前部署」，年輕時還容許有犯錯空間，最怕就是老了才跌一跤，再也爬不起來。

花錢的同時，別忘了存錢給未來的自己，一個人的老後，住五星級的養生村、護理之家，很可以哦！

\ 2-7 /
除了財富
還要存健康、體力、能力！

有網友說我不買房是魯蛇（Loser，輸家）觀點，我看了哈哈大笑，如果 43 歲擁有千萬退休金的人是魯蛇的話，那全台灣 90% 的人都是魯蛇了。特斯拉執行長馬斯克，現在也不擁有任何房產，他在墨西哥邊界租了一幢平價房，他女友說他們的生活「有時生活水準在貧窮線下」、住安全堪慮的組合屋，她甚至還得連吃 8 天的花生醬。

　　若說沒有房產就是魯蛇，難道馬斯克也是魯蛇嗎？馬斯克說：「我已擁有火星了，還要房產做什麼？」我

不怪網友的平庸的思維及狹隘的眼界，非凡之人思想總
是走在世人前端，甚至令凡人不解、也難跟上腳步，等
到發現世界變了，才知道原來自己才是魯蛇。

　　資產有很多種形式，不動產、有價證券、藝術品、
黃金……，都是資產，不是有房子才叫做「資產」，而
且，在會計學上未還清房貸的房子是負債而非資產，另
外，不動產變現性差，亦無法分批變現，若需款孔急時，
又碰到景氣差市場行情不佳，遠水難救近火。

　　最理想的狀況當然是能買房又能存到退休金，但現實
非常骨感，薪資不夠高、中年容易面臨失業，若退休金儲
備計劃還不到位，就要面臨失業、公司逼退，怎麼辦？

買房好，還是存退休金好？

　　說個真實案例，我和A是曾經是某保險公司的同事，
背景相似──單身、女性、同齡層，即使我離開那家公
司後，還是經常相約出遊，她是業務、我是內勤，照理
她薪水比我多，在她的內心覺得內勤都是靠業務吃飯，
所以把我視為比她低階的層級。

　　我 43 歲時因不願接受公司調派，離開職場跟同事朋友們宣布「退休」，保險公司的前同事們聽到我的退休計劃，是在 29 歲時買了當時公司的保單而做的一連串退休規劃後，面面相覷。

　　已婚的同事說：「唉呀！沒辦法我們要養家、養小孩，哪來餘錢存。」說完一大堆理由後，大家的目光遊移到 A 同事身上，因為她跟我一樣單身，沒有養小孩的理由和藉口，她在大家銳利眼神注視之下，一時情急說：「我有買房啊！不像她租屋那麼恐怖！」我曾經請她來我 30 坪租屋的家，吃我親手做的牛排大餐，傍晚時分走過沒亮燈的樓梯間，竟被她形容成像鬼屋一樣恐怖，聽了她刻薄言語之後，我們從此沒有再往來了。

　　經過幾年，有天她打開久未使用的 FB 帳號，看了我的動態，這個舉動讓我感到很有意思，久沒聯絡的前同事來看我的動態，通常是因為在媒體平台上，看到我的報導或聽周邊同事說起，所以來探虛實。

　　她的房子當時購價約 300 萬元出頭，貸款利率低、成數很高，幾乎是零頭期款買入，屋況好不好見人見智，我不發表意見，經歷 10 年也應該漲了不少，成了有屋階

級，人生應該很開心踏實吧？

她過得開心與否我不知道，我只知道他們公司前一陣子易主，從外商變成本土公司，易主前他們總自豪是業界的資優生，易主沒多久新東家就出了大差錯，被金管會罰款及限期改正，那些同事怎能忍受「違規」這種事情發生呢？

已屆退休年資門檻的同事，想必在等待好時機申請退休，比較難過的是那些年資還差幾年才能達到退休門檻的同事，要讓資優生每天面對二流的管理者，真的是有如活在地獄般煎熬。根據我的經驗，外商老闆比較遵守法令，該給的退休金會乖乖給付，本土老闆並不像外商老闆大方，會想盡各種辦法，能少付一個是一個。

照理他們晚我 10 多年才經歷公司易主，應該有充分時間準備吧？ A 同事雖然有房，卻瀟灑不起來，她無法像我有骨氣的立刻說「退休」，更不甘願放棄超高的年資，現金流還是最現實的問題，退休金存不夠怎能有骨氣呢？

我年輕時選擇存退休金而不是買房，所以在職涯動盪時，支持我挺起腰桿做選擇的是「退休藍圖」，可以

毫不猶豫地拿回人生主導權。

 不買房，也能樂活退休。

很多專家、網友們說：「老了租不到房，就知道有多慘了！」光聽這句話，你腦海浮現的畫面是「步履蹣跚的老先生、老婆婆」，還是「爬樓梯都箭步如飛的老先生、老婆婆」？若是前者，又窮、又老、又病、又龜毛，當然走到哪都不受歡迎囉！

我們來假設在 2042 年粉圓妹 73 歲時，背著行囊、俐落的裝扮，用輕盈的腳步踏入飯店，被拒絕入住的機率有多高呢？

當你有體力、健康、能力時，相對的花費就會變少，在退休金準備上也輕鬆很多，我舉幾個例子。

退休後我第一目標是攀登百岳，因此積極訓練體能、增進登山戶外知識，以確保自己的安全，因為有這些能力，我在攀登百岳時，不用參加商業登山團，找一些能力相當的朋友自組隊伍去登山，僅需花費食物、交通 2 筆費用即可。

✎ 玉山群峰

　　2015 年我策劃了在玉山群峰慶生，與幾位山友 5 天 5 夜行程成功攀登 9 座百岳，我只花費 2,000 元車資加 500 元購買食材，而坊間登山公司收費 12,000 ～ 14,000 元。

▲台灣百岳：玉山，標高 3,952 公尺。

✎ 南二段

2017 年南二段，由台東海端起登，橫越中央山脈至南投東埔下山，7 天 7 夜行程中看不到公路，當然也沒有便利商店，所有的食物、保暖衣物、安全裝備都要自己背負上山，這次由我策劃與 2 位男士組隊，約定好各自負責自己的食材裝備，我不用靠登山嚮導、高山協助、背工、隊友，全程靠自己成功攀登 10 座百岳，花費約 3,500 元，而坊間登山公司免背公糧，收費 19,500 ～ 28,000 元。

由於山上天氣無法控制，故不保證登頂，自己組隊的好處是若天氣預報會下雨，臨時取消不用花錢，報名商業登山團，要遇到天氣很差才會取消退費或改期。

✎ 中橫健行

累積經驗與能力後，2017 年底開始嘗試獨自徒步旅行，我挑選了安全路線「中橫健行」，沿線都是旅客等級的步道，同時幫廠商測試羽絨外套的保暖性，以及為了自我訓練，特地挑了可能下雪的時機，一個人背著帳篷等裝備共約 16 公斤，從南投仁愛松雪樓開始健行，經

大禹嶺、天祥，終點至太魯閣牌樓，歷時 8 天 7 夜，共步行 104.3 公里，花費 4,248 元，坊間旅行社的北橫健行 4 日就要收費 19,000 元。

▲中橫健行，負重 16 公斤，學習獨自長程縱走。

除了上述外，2019 年「阿里山山脈越嶺步道大串走」7 天旅程經過 20 多條步道、10 座山峰，約計 80 公里，花費 4,000 多元；2019 年 6 月西班牙朝聖之路，56 天的行程總花費 66,602 元，而坊間旅行社開團 15 天費用約 15 萬元。

退休生活不可能每天都待在家裡不出門，有體力即可安排運動型態的旅行，不但節省交通費，又兼具練體能；有規劃能力即可自己安排行程，不用付昂貴的旅遊團費、不用牽就別人的時間與喜好；培養自己野外環境的適應能力，旅行不需要豪奢，增加旅行的長度、深度、廣度比較重要。

存財富、體力、健康、能力，缺一不可！

如何做到不買房，也能擁有樂活退休人生，粉圓妹提供「4 存」解方：

①**存財富**：有錢不怕沒地方住，擁有充裕的現金流，要住飯店、旅店、養生村、安養中心都可以。

②**存體力**：身分證上的年齡無法改變，但可以改變

身體年齡，永保青春不顯老態，比年輕人還要活力充沛，上山下海通通行。

③**存健康**：均衡飲食拋除三高、慢性病、文明病，心情放輕鬆不操煩，保持運動習慣，培養興趣、持續學習，讓身、心、靈 3 方面都健康。

④**存能力**：獨立自處的技能、新潮開放的思維、具國際觀的眼界、廣納百川的心態、適應環境的身體，用少少錢也可以游牧世界。

這「4 存」說起來很簡單，共通點就是「紀律」，若能像粉圓妹一樣懂得長遠布局、紀律執行，把自己塑造成年輕人的體態、年輕人的思維、年輕人的技能，凡事不需要依靠別人，吸引許多人主動說要將房子租我，而不是拒絕我。

台灣百岳登山紀錄

我在 43 歲退休時，優先選擇進入登山領域，從登山新手到攀登 52 座 3,000 公尺以上的台灣百岳，不但練就體能、野外環境的適應能力，也累積自己寫作的能力與知名度。

除了財富之外，退休前還要存體力、健康、能力，可以大大降低退休規劃的負擔。

Chapter

3

\ 理財篇 /

學會投資
才能好命一輩子

\ 3-1 /
退休後
有哪些現金流水庫？

粉圓妹是利用基金和保險來打造退休現金流大水庫，保險的好處是保證給付、源源不絕，基金的好處是容易變現、靈活運用，當然也可以用存股票、存 ETF 等方式建立現金流大水庫，或是用傳統的房租收入。

剛退休時我並沒有調整大水庫的成分，還是保留著原來布局的股票型基金，透過分散投資地區來降低風險。不過，不論哪一個市場，都會受景氣循環的影響，不會年年都處在牛市，景氣好時年化報酬有 7% ～ 10%，熊市來臨時帳面上就會呈現負值，股市有漲有跌本來就是正

常現象，但在退休期無收入的時候，特別會對負值有不安全感，很容易影響情緒，如果這時把持不住，就會做出錯誤的決定。

退休後的財務，不比在職時有薪資收入做後盾，所以在心態及策略上一定要強調長期、穩健的方式，後來我覺得每月有固定現金流的投資標的，比成長性的投資標的，更符合自己的需求，尤其我是不喜歡看盤的人，並不想從股市海撈一筆，只希望能按月安穩地收到一筆現金流，供我生活所需及玩樂花用，如此就很滿足、安心，因此將股票型基金轉成債券型基金。

債券型基金雖然也會隨著景氣循環而帳面上有所波動，但不如股票型基金大，且本金是不會消失的，假以時日還是會回歸原有的價值。除了靠自己之外，領薪族還有 2 筆退休金來源——勞保（或公教保、軍保、農保、國民年金）和勞退，一定要搞懂。

 ## 一次請領勞保老年給付，比較吃虧？

別忘了勞保年金也是現金流的大水庫之一，對於退

休金準備不足者來說，是個重要的收入。我在 50 歲時已達到勞保「一次請領老年給付」年資與年齡請領資格，提領出約 197 萬元，一併投入在債券型基金內，每月固定領息，不放在政府口袋，一樣可以為我創造現金流。

很多朋友會詢問我：「為何不放著領年金呢？總額不是會領得比較多嗎？」

在 2008 年勞工保險年金制度通過後，我很清楚意識到背後的真相，美其名領比較多、比較久，事實上是整個勞保基金不足以支應未來的取巧做法，而靠企業提撥退休金的舊制勞退制度是個看得到、領不到的大餅，企業再也不跟我們談情感、談終身僱用、談內部培育、談生涯規劃，也許去年是績優員工，今年就可以叫你回家吃自己；新制勞退制度雖可以「帶著走」，但未來可領金額真是少的可憐。

那時我不禁想：我的未來到底在哪裡呢？浪費口水謾罵，還不如立刻行動，於是我從 2009 年開始花了 3 年的時間重新調整與建構自己的退休基金，不靠政府、不靠企業，我靠自己自在生活。所以提早申請勞保老年給付，是我退休藍圖裡的一步棋，原因有幾點：

①**已備足額生活費**：我布局的小水桶，從 55 歲、60 歲開始會固定給付一筆資金，並且是保證給付、階梯式的增高，以因應長壽與健康風險，額度足夠，不需要靠勞保年金。

②**65 歲才達年金提領年齡**：既然我 60 歲就已有足額的現金流，就不需要再靠 65 歲的勞保年金，提早在 50 歲一筆領出來，放在適當的理財工具裡，反而提早創造現金流。

③**自行創造更多穩定現金流**：當初勞工保險年金制度由一筆給付改成年金給付，除了解決勞保基金不足外，也是為不會理財的人而設計，以前常有新聞報導老一輩人領了一筆錢後，因不會理財、被騙、被不肖子女花光等原因，導致缺乏現金流而陷入生活困境，若懂得理財，則可自行創造更多、更穩當的現金流。

④**退職前的投保薪資**：退職前我的投保薪資是最高等級的 43,900 元，一次請領老年給付計算公式是「退職前投保薪資 × 基數」（最高 45 個基數，即投保年資 30 年），按給付公式算下來是有利的，如果我當時隨便找個 3 萬元的工作續保，一旦勞保投保薪資等級降低後，

就不利於一次請領。

離開職場後，當時有精算師主管想請我回公司兼職，面談時我只提出 2 個條件：第一，我不要勞保，第二，如果一定要有勞保，就要保最高階。主管聽了一頭霧水，怎麼有人談工作不是談薪資，而是談勞保呢？我說若不能提供這條件，我未來將會少領 60 萬元，聽完我的說明他才恍然大悟，原來我連這些法令規則都盤算得清清楚楚，他沒遇過如此「超前部署」的小職員，我比精算師還會精算人生。

提撥到個人帳戶，勞退金沒有破產問題。

勞退跟勞保是不一樣的，以前舊制勞退是要在同一家公司做到屆滿退休年齡與資歷，後因絕大多數公司沒有按法規提存，加上社會變遷，多數人越來越難在一家公司做到終老，所以才有了勞退新制。

勞工退休新制是專款專戶，並不會因為換了公司而消滅，也沒有倒閉破產的問題，雇主必須依法按勞工投保薪資級距的 6%，提撥至勞工的專戶。

　　除了雇之外，勞工也可以額外自行設定提撥比率，每月最高提撥 6% 存入專戶，如此做不但可以讓專戶內的金額快速成長，也可以享受所得稅扣抵優惠，達到節稅的效果，政府還有保證最低收益的機制。

　　勞工隨時可以上勞保局網站查詢自己專戶裡面的總額，只要年滿 60 歲，無論在職與否，即符合請領新制勞工退休金的資格，按年資標準請領方式分一次領及月領 2 種方式。

　　我並不會建議每個人都效法粉圓妹一次請領老年給付，先決條件是你已經具備理財能力，而不是錢領出來後不知放哪個理財工具裡，最後道聽塗說胡亂投資，不但有虧光的風險，也沒有創造更穩、更多的現金流，屆時年事已高恐無力翻轉了。

穩紮穩打累積財富，才容易成功。

　　曾經有網友問我，想利用房子申請貸款，把錢放在債券型基金賺取每月的高配息，不知是否可行？我說投資切莫開槓桿操作，跟當初我融資買股票有什麼不同

呢？當股市大跌到無法承受時，就必須認賠殺出，最後財務缺口只會越來越大洞。

　　趁現在累積自己的理財知識與技能，按部就班、穩紮穩打地累積財富，才容易成功。

\ 3-2 /
金錢焦慮越重
越需要耐心投資！

有位年輕人問我如何存退休金，養成記帳習慣、努力增加存款之後，當然要從理財談起，很多年輕人知道要理財，但對於要投資什麼就找不到方向，或是覺得自己沒有相關常識，要學理財很困難，我想這也是多數人的問題。

首先，需要釐清幾個問題：①理財目的、②累積期間、③理財工具、④資金流量、⑤投資策略。問完自己這 5 項問題後，再來討論如何進行，而問題的先後順序也非常重要。

設理財目的，真的很重要嗎？

不論理財目的是買房、結婚、旅遊、存退休金⋯⋯，每個項目所需的累積期間是不同的，當累積期間不同，選擇的投資工具及策略也會跟著不同。但多數人是沒有明確目標或堅定目的，只是想著：我好像要存錢、我好像需要理財、我好像要開始存退休金，但也想先存到一筆錢去歐洲旅行⋯⋯

理財目的當然很重要，當目標不明確，你的策略也會跟著搖擺，只要遇到股市動盪，就會改變你原來擬訂好的戰術，這時就會產生「套牢了，安慰自己說是存股」的想法。

但是我相信短線進出跟存股的選股條件及策略是不相同的，而多數人沒有把它分清楚，抱著將錯就錯的心態，認為只要不賣出就不算虧錢、也許明年可以賺到配股配息，但是，投資真的會這般順利嗎？

我問年輕人：「你選的股票，真的適合長期擁有嗎？當它下跌時，有什麼優點可以支持你抱到獲利？你可以承擔多大的風險？承擔風險多久的時間？」如果你買的

股票都是「聽」來的，沒有真正去研究這家公司的獲利能力，當股市崩盤時，一定會惶恐殺出，然後安慰自己是在停損，這種投資方式通常是虧多賺少的結局。

投資路上最大敗筆，可能是自己。

有年輕人問：「投資多久才算長期投資？」我反問：「你覺得一個產業循環會是多久？」

股市是反應經濟循環的現象，而每一個國家的經濟體、每一個產業的循環周期不同，要等待的時間也不同，但普遍投資人都屬於後知後覺者，想要進場時，通常已經來到了股市高點，我問：「現在是股市的相對高點，這時候跳進去後下跌，你可以等到下一次的產業旺季嗎？也許等 3 年、5 年，甚至更久！」

我經歷過股市榮景也不算多，第一次 2000 年科技泡沫，我被斷頭負債出場，我慶幸自己有這次的跌跤，因此改變自己的投資心態，爾後選擇穩紮穩打、按部就班從負債中爬起，從「負」開始累積財富，才能在 2008 年的金融海嘯中不被浪潮所淹沒，而且還擬訂了低檔加

碼的策略。低檔加碼有多難？試想幾個情境：

①當別人都在逃跑時，只有你有反其道而行，你有勇敢往前衝的勇氣及信心嗎？

②當別人都說沒錢加碼時，你如何有效控制金流？

③如何在股價崩盤式下跌時，還能保持信心、不斷地投入資金？

④面對翻轉日遙遙無期，你是否能堅持到最後？

用說的很容易，要做到難度非常高，必須要有堅定的信心、正確的知識、紀律的執行，以上 4 項若有 1 項沒做到，就無法享受到最後甜美的果實。面對下跌的過程絕對不容易，其中最大的敗筆，不是別人，就是自己，克服內心的惶恐、不安、焦慮、懷疑等情緒，就是最後勝利的解方。

先累積高本金，不要追求高報酬。

用共同基金、ETF、存股、保險等投資理財工具來準備退休金，都有成功案例，不論工具、不論策略、不論資金大小，先決條件就是「紀律」。選擇一種符合自

己個性的投資理財方式最重要，它必須讓你「吃得下、睡得著」，你必須像機器人一樣，不帶情緒按部就班執行你的投資策略。

　　我認為投資理財不是數學題，而是心理學，不是用Excel 算出來的結果就保證能達成，因為在漫長的累積期裡，你的心理素質才是影響結果的關鍵，如何不被投資市場熱絡的氣氛吸引，又如何不在崩跌的恐慌中殺出，這才是投資者該修煉的功夫。

　　當理財書籍大賣、投資話題不斷時，就是股市的高點，偏偏這時候很多投資小白會選擇勇敢進場，儘管書籍中有一套進出場的建議，小白們還是能說服自己說：「現在不進場，就來不及了！」我不懂，你浪費幾十年不學習投資理財，卻急在這一時買進？

　　這種「不進場，就先輸了」的焦慮，也是人性的弱點之一，雖然大家都知道股票要買低、賣高，但看著股市天天創新高，就會害怕自己在場外乾瞪眼，自己會合理解釋：「分析師說這檔股票可以到○○目標價位！」完全把基本面、財報拋在腦後，都沒想過，不放消息怎麼吸引小老鼠上門呢？

年輕人：「基金好像很慢，我想要存股，但我每月只有 1 萬元。」哈哈！很有趣的論點，也是很多人的迷思呀！存退休金的快慢不在於工具，而在於你每期投入資金的多寡呀！

如果你每個月都擠不出更多的餘錢作為投資本金，累積期必然會拖很長，這並不是投資工具的錯，而是你的腦袋沒有轉過來，所以投資之前，還是先靠儲蓄累積出一筆資金吧！

可是多數人會先追求高報酬，而不是高本金！這完全是本末倒置的思維，而越是有金錢焦慮的人，越是會抱著這種想法。

投資與投機，別傻傻分不清！

住在青旅的好處，就是有很多機會接近年輕人，親身了解年輕一代的理財觀，粉圓妹在「居無定所實驗計劃」單車環島期間，聽過許多年輕人買賣比特幣的經驗。我不說「投資」比特幣，因為我認為這是「投機」，或許有人會說虛擬貨幣跟期貨一樣，就是買空賣空，看不

到實體商品，但大家可以在特定市場交易呀！

舉個 2020 年發生的例子，當時原油期貨在市場上竟然出現負值的價格，有人開玩笑說：「原油大放送，賣掉就現虧，乾脆把原油實體領回家存放。」好笑吧！最好是家裡有這麼大的地方存放，而且原油不是汽油可以留著慢慢用。

比特幣在 2009 年誕生，多數國家政府把它視為虛擬商品，並非貨幣，直到 2021 年華爾街金童炒熱這個商品，他們從看壞到開始「投資」比特幣了，把地下交易的比特幣正式搬上抬面。

但是，如果懂得金融界的運作，就該知道這個消息不是進場的利多，而是警訊，擦鞋童理論又出現了！放消息是為了出貨，你以為他那麼好心告訴你「有錢大家一起賺嗎？」

弔詭的是，你無法預測何時開始暴跌，而且暴跌來臨前一定會先出現一段瘋狂的漲勢，就是為了誘拐意志不堅定的投資人進場，當最後一隻老鼠。

理論很簡單，大家都知道不要進場去當最後一隻老鼠，但其實這很考驗人性，尤其那些還搞不清楚「投資」

與「投機」分別的人，心裡會很癢、很糾結的，不出手很難受。

所以，我常說理財不是數學題，而是心理戰，誰能在理財的道路上戰勝誘惑，誰就擁有財富到最後，我說的最後是指人生的終了，「曾經擁有」並不算是一位勝利家。

雖然我利用 14 年的時間，就把退休金準備到位，順利在 43 歲退休，看似思想很前衛，但其實我的理財是保守務實的，因為在投資期間跌過跤，我從失敗中悟出，絕對不要想著一夜致富，財富是靠「積沙成塔」慢慢累積而來，有了正確心態，才能順利把薪水及理財成果留住，否則再高薪、眼光再精準，都不夠虧損 1 次。

投資策略百百種，哪一個適合我？

每位理財達人都有自己一套投資策略，都可以學習、也可以試試看，我並不會鼓吹特定方式。承上所言，投資過程是要「吃得下、睡得著」，畢竟每個人的個性不同，適合他的不見得適合你，而且每個人的資金部位不

同、口袋深度不同、經驗值不同，別人可以在亂世中加碼攤平，你不見得做得到。

像巴菲特，他的財力可以不斷加碼攤平，等待期拉長到 10 年、20 年，我們一般人無法做到，不過可以學習他的方法與精神，加以改良後，再成為自己的投資策略。

我建議多看書、多閱讀、多模擬、多嘗試，花一些時間累積自己的知識、經驗，以及培養紀律。我在金融海嘯時擬訂的低檔加碼策略，就是靠平常多聽演講、多閱讀，把每個覺得不錯的方法記下，自己不斷思考，並利用 Excel 模擬各種狀況、搭配各種加碼策略，經過實驗印證後的方法，才能讓自己相信、安心，再加上有紀律的執行，才會提高致勝率。

跟年輕人談完話後，我發現大家的共通點：

①**心態**：急著快速致富，但對理財工具及知識一知半解，不願花時間多學習閱讀及研究，習慣聽馬路消息跟著買或賣。

②**資金**：擠不出更多可支配餘額，又不願意找方法開源或節流。

③**習慣**：不願改變現況的生活或消費習慣，不肯為

未來夢想生活短暫犧牲。

④**規劃**：對於人生沒有短、中、長期的計劃以及可執行的方案。

財富累積需要靠時間，不要想著一夜致富，唯有及早規劃、紀律執行，才能及早達成目標，過自己夢想的生活。

\ 3-3 /
做足功課
才能無腦投資

我很想說自己是「無腦投資」，因為我不喜歡看盤、不喜歡煩惱、不想要擔心，投資過程中，只偶爾關心趨勢、聽聽國際訊息、看看專家報告，把時間花在享受生活上。

不過後來想想，我並不是真的「無腦」，畢竟我也在基金鑽研了 17 年，已經把知識、策略、紀律內化成腦子的一部分，知道自己能承受多大的風險，什麼是自己要的，什麼不是自己要的，定好了投資策略，就紀律地去執行，不太會受到外界訊息的干擾，因為做足準備，

所以不花腦筋。

　　但一般人或新手無法如此，何時買、何時賣都困擾著他們，甚至獲利還在問：贖回的錢該怎麼辦？（請放我口袋好嗎？）

走路沒有不跌倒，投資一定會遇虧損。

　　我常說理財能力是一輩子的事，它會深深影響你一輩子，當然做任何事，都會成功、也可能會失敗，虧錢乃是兵家常事，高手一定也賠過錢，就像走路哪有不跌倒，但你不會因此害怕走路，所以也不要排拒學習投資理財，失敗才有機會看到自己的不足。

　　我曾經急於想扭轉現況，簡單說就是想一夜致富，在不明瞭風險能不能承受之前，就風裡來、火裡去的往前衝，變成卡奴後深刻檢討，徹底改變自己的腦袋，才變成現在務實的我，雖然還債那 3 年很辛苦，但因為跌過一跤才有現在的好日子，應驗了「塞翁失馬，焉知非福」的諺語。

　　投資理財可以用很多數學模組演算，如何買低、賣

高、加碼、減碼等等，方法很多，但很多人敗在無法戰勝自己的心魔。

百貨公司打折時大家都會去搶，為何金融海嘯時，大家不敢進場？我在演講時每場都會問：「金融海嘯有加碼的舉手？」只有零星幾位舉手，大家都知道要加碼，但都做不到，原因除了沒錢外，當然就是不敢，有人認為我在金融海嘯賺到錢是運氣，是這樣嗎？

理財是一個講求高 EQ、高紀律的行為，必須把情緒放在後面，要相信牛頓的萬有引力定律──怎麼下去就會怎麼彈上來，不要一點風吹草動就改變你的投資紀律。現在業者推出 AI 投資，讓機器人幫你決定如何布局、何時調整配置，理財有情緒困擾的人，可以試試。朋友問我為何不試，我這人超有紀律呀，根本是機器人來著，哈哈！

紀律這件事聽起來很簡單，做起來非常難，需要透過不斷實做來累積經驗，讓自己的思維、策略、方法更純熟。因此，藉由存一筆短期旅遊基金，來學習及建立良好的理財習慣，會比談存退休金更容易貼近大家的心，也更容易做到，有了好的結果，信心也就多了幾分。

🛍️ 定存不是窮人的投資工具，遠離它！

理財之前，一定要先有一筆本金嗎？「定期定額」投資法的發明，正可以幫助沒有本金的小資族，每個月薪資設定定期扣款，假以時日自然會累積出一筆資金，同時也可以賺取報酬。

很多人在股市漲時，都自認為是積極投資者，喜歡追逐飆股，卻忘了飆股漲得快、跌得也快，等到賠錢時就改口自己是保守投資者，不了解自己風險承受度的人，往往嚐盡股市的上沖下洗。那麼，定存絕對穩當、沒有風險嗎？錯哦，定存一定會拿到本金及利息沒錯，但賠掉了投資機會呀！而且利息還不及通貨膨脹速度，等於利息被物價吃掉了。

如果你的本金有 1 億元，靠 1% 的定存，每年就有 100 萬元利息，當然可以不用冒風險，所以定存不是窮人的投資工具，偏偏窮人最喜歡選擇它，由此可看出行為與財富的因果關係。

我在股市跌跤後改變投資行為，不喜歡在股市裡衝浪，改以基金為投資工具，基金是一籃子股票（或債券）

的概念，不用怕其中一家公司倒了、董事長去坐牢等負面新聞，也不會有跌停賣不掉的問題，不用看盤可以專心上班、玩耍，可以養成紀律並分散風險，減少許多投資上的麻煩。

當債主比股東穩，善用配息基金。

之前我母親問債券型基金是什麼？我有一個絕妙的答案：「債券型基金就是放高利貸！」擁有債券型基金的人即是數十個主權國家或公司的「債主」，而股票型基金是企業的股東，你覺得哪個比較穩？當然是債券！

債券就是我借你錢時，先講好利息、還錢的時間，到期後自動兌現拿到本金及利息，而股東不一定會領到股利，要看公司有沒有賺錢，有時賺錢會拿去添購設備，也不見得會發你股利；此外，股價是由市場決定，有題材時可能漲翻天，出事時，也可能下市變壁紙，風險與機會永遠並存且成正相關。

風險介於定存與股票的債券型基金，成為我後來投資的重心，利息可以提供穩定的現金流，支付生活所需

費用，上班族則可以把利息再投入，達到利滾利的效果。

債券型基金類別很多，有些波動甚至比股票型基金高，所以要選擇適合自己個性的類型，記得一個原則，投資範圍越大、風險越小，建議新手先選擇保守標的來累積經驗。

・債券型基金風險等級 RR1 → RR5（低→高）：成熟國家債＜全球型債＜新興國家債＜投資等級公司債＜高收益債（非投資等級、垃圾債）。

・股票型基金風險等級 RR1 → RR5（低→高）：全球型＜股債平衡型＜區域型＜單一國家型＜產業型。

設定短期目標，練手感、學紀律。

我常問：你的投資目的為何？多數人會回答賺錢、讓錢變多，這樣的目標太空泛，是很多人投資理財失敗的原因，目標越清楚，才能有明確的步驟、策略去執行。這裡舉個實例，講講我 2019 年出國 3 次旅遊基金的存法。

・我的目標：1 年 15 萬元的旅遊基金，可以去 1 趟歐洲，或 4 趟日本。

‧**我的方法**：每月可投資金額 1.5 萬～ 1.8 萬元。

‧**風險承受**：1 年後要用到這筆旅費，故選擇風險小或適中的標的，以免要用錢時遇到大跌，資金卡住。我買了 3 檔基金，配置債券與股票類型，分別為保守型（RR2）、穩健型（RR3）、積極型（RR5）。

好的，我知道你的問題，你想問怎麼決定配置的比例？這真的很難回答，我不認識你，不能幫你做決定，也不能說一概括數字敷衍你，要問自己能承受多少風險？當要用這筆資金時遇到大跌，你有替代方案嗎？面對的情況有百百種，只有你自己可以回答。

如果你害怕，調高保守型的比例；如果你有備案，可以大膽一點。別忘了，選擇前一定要看清楚該基金的波動、注意基期高低，如果已經漲一大段，再漲的機會及時間有多長，綜觀所有情況，能接受再納入配置。

申購配息基金時，有「配發現金」或「配息再投資」選項，如果 1 年後才要用到錢，最好是選配息再投資，換算成單位數發放，好處是不受匯率影響，淨值遇波動時有攤平的效果，平均成本會越來越低，最後再一筆贖回，感受複利的效果。

再次提醒，我的方法與投資配置不見得適合每個人，且投資配置並非永遠不變，以前適合不表示未來適合，請酌酌參考。

📦 提升財商能力，世上最好的投資是自己。

目前台灣基金有上千支，在選擇基金時還是有一些注意事項：

①**基金公司**：選擇知名品牌、老字號、形象好、總體表現好的基金公司。

②**基金規模**：越大越好，基金經理人在操作上較靈活。

③**基金風評**：不要一昧挑選績效最好的基金，還要看風險值，績效穩定比大起大落好，每檔基金都有月報，投資前一定觀察 10 年績效、配息狀況。

④**基金費用**：選擇費用低的投資平台，現在很多平台的申購費率可達 0%，或是低於 0.5%。

最後提醒，同類型基金績效與風險差異很大，過去績效不代表未來績效，投資前一定要詳閱公開說明書，

投資過程中也要定期關心，績優生可能變成壞學生，不要不聞不問。

　　我認為上帝為每個人都準備了一箱寶物，得到寶物前一定是充滿荊棘，為的是考驗你的能力及意願，如果連嘗試都不願意，那只能跟那箱寶物說 Bye-Bye 囉。謹記世上投資沒有明牌，最好的名牌就是自己，培養自己的實力，就是最好的投資！

\ 3-4 /
14年財務自由計劃
資金配置大公開

退休生活是數十年的事，現在有幾千萬元退休金，並不能保證保有資產到人生的終點，老後的變數非常多，我害怕存了一輩子的錢，老後腦袋不清楚被騙光，或是親友來借錢、生病變成購物狂花光積蓄，或是突然犯傻做了風險很大的投資，身邊存放太多產財被覬覦，以上情境我簡稱為「五光」，即是騙光、借光、花光、虧光、索光。

其實這些狀況，我們常在社會新聞看到，要如何保全退休金，成為重要的議題，同時要能夠對抗長壽風險、

通膨、健康、居住安全等等問題，我把自己老後擔憂
一一拆解，找出對應的方法。

把獲利鎖在保險，用長線保護短線。

　　工作時我曾經擔任保險公司的私人助理，很自然地
保險成為我準備退休金的工具之一，保險可以解決我的
擔憂，老後退休金不會「五光」，考量未來可能持續單
身，不想買房綁住自己，希望老後能居住在養生村安享
天年，因此需要一個「保證給付」的理財工具，又能解
決「活太久、錢不夠用」的問題。

　　當時收入不高且不穩定，無法負擔養老險（即生死
合險，儲蓄險的一種）的高保費，於是先投保了壽險（死
亡險），爾後有多餘的儲蓄時，再利用保險轉換機制，
補足兩者之間的差額，將壽險轉換成養老險。

　　2008年金融海嘯時，股市跌勢之快，讓人措手不及，
從高樓跌到1樓，以為就此停止，沒想到1樓以下還有
地下室，地下室就結束了嗎？原來還有18層地獄呢！我
也有支基金從報酬率100%以上，跌剩報酬率60%多，

那時我意識到，股市並不會無限上漲，一定要停利，把獲利好好鎖住，也才能成為日後加碼的子彈。

於是我重新盤點手上的資金，擬訂加碼策略，但我們一般人資金有限，也很難做到摸底，根據股市循環時間平均約 3 年，我訂了一個 3 年的加碼策略，按月增加扣款金額至原先扣款的 3 倍，結果不到 3 年，只花 1.5 年資產就回到原先高點。

我利用「長線保護短線」的策略，將獲利部分陸續轉到養老險把獲利鎖住，如此才不會害怕股市再次震盪而損失，而養老險就是可以按年給付我退休金的工具，直到我上天堂為止。

計劃並執行，才是成功提早退休關鍵。

很多人會說：「因為妳在保險公司上班，所以比較懂保險！」在同事眼中我是個低階職務的助理，毫無保險專業知識可言，但是我為了解決自身退休金準備問題，花了很多心思詳讀條款與規則，並且及早規劃、紀律執行，更重要的是我知道自己要的是什麼，而不是盲目跟

隨明牌，或抄襲別人的方法。

　　既然方法這麼簡單，為何不是每位保險從業人員都能在 43 歲或更早退休呢？至少我任職 2 間保險公司，合計內外勤員工共約 2,500 人，沒聽過誰做得到，極多數人薪水都比我高，也別說大家都結婚有家室，責任負擔比較重，跟我要好的業務同事，同樣是未婚、相差 1、2 歲，薪水比我高，當我 2011 年宣布退休時，她不但沒有恭喜我，反而說了很多酸言酸語。

　　當時我採用躉繳保費（一次付清終身保費），有位同事得知後還罵我傻，其實他只對了一半。

化缺點為優點，超前部署的退休理財戰。

　　有家庭生計需要負擔的人，支付的保費最好不超過收入十分之一，而且保費支付期間最好設定在最有經濟能力的年紀，並且用最少的保費去購買最大的保障，徹底發揮保險轉嫁風險的特性與精神，這一部分是對的。

　　錯的另一半，是因為他不了解我的需求和計劃，也沒看到未來的趨勢，就直接下斷語。

　　當時我掌握了幾個保險的特性與優缺點，為我打下這場不易失敗的退休理財戰。

① 鎖住利率

　　很幸運的是，我 29 歲（1997 年）醒悟得早，並且即刻採取行動，當時保單預定利率還有 6.5%，雖然不是業界最高、最好，但是我身在這家公司，對公司比較有信賴感，可以近距離觀察與監督，確保公司可以做到「保證給付」，畢竟提領退休金是 26 年後的事，並且要一直給付 40 年以上，公司的營運狀況非常重要。

　　我記得幾年後利率連 3 降，真的可說是降到懷疑人生，這是所有從業人員都沒預料到的事。

　　任職第二間公司時，有次同事從會議室衝出來，興沖沖地叫著我的名字，後面還跟著處經理想看我的反應，原來，公司出了一張新保單，預定利率是 4%，他們會議中討論得很興奮，覺得這是千載難逢的保單，試圖想要說服我這個無知的小秘書買保單。

　　我冷冷的回他們：「很稀奇嗎？我早就有預定利率 6.5% 的保單了！」同事說：「妳買的額度一定不夠，可

以加買！」我說：「妳錯了，我買得非常足額呢！」如果我晚幾年才頓悟的話，就沒這麼高的利率了，所以，要買得早、也要買得巧！

② 價值金累積快速

由於我當時才 29 歲，初到台中工作，收入不是很穩定，如果直接投保儲蓄險，高保費會負擔得吃力，而且把多數薪水都繳保費，鎖在保單裡不能動用，就沒有多餘的資金投入高效率的投資工具。

所以我選擇先投保壽險，幾年後有一筆餘錢，再利用保險公司提供的轉換險種機制，由壽險變更為養老險（儲蓄險），我只要補繳兩者的價值準備金差額，轉換後還是依照舊保單 29 歲的年齡來計算保費，保單利率也是依照舊保單的利率計算，對被保險人相當有利。

這裡要提醒一下，每家保險公司轉換保單規定不同，必須視保單條款規定辦理。近年金管會為活化早期壽險保單，並因應老年社會民眾對年金型保單需求增高，敦促保險公司提供保戶轉換保單的機制，不過，轉換後的利率與年齡均以轉換時間為計算基準點，亦即無法得到

原始的低保費、高利息的條件，對被保險人不見得有利，而且，業務員佣金低，以致於多數不願意主動介紹這個轉換方法。

③ 躉繳保費節省總費用

然而，保險並不是沒有缺點，通常首年繳的保費扣除公司行政、佣金等費用後，價值準備金會少很多，之後再隨著繳保費而逐年增加。

若想要所繳保費直接進入價值準備金，用躉繳的方式，即會快速累積價值準備金，因為後續公司不需要再寄通知繳費等行政作業，所以被扣除的費用會少很多，不過，為了避免洗錢、變相移轉財產，來規避贈與稅等弊端，現今多數類似險種已取消躉繳的繳費方式。

粉圓妹 50 歲起的被動現金流					單位：元
被動現金流	支領年齡	年數	月領金額	年領金額	總領金額
債券基金 （以配息 5% 計）	50～85	36	12,500	15 萬	540 萬
1 張年金型養老險	55～85	31	11,667	14 萬	434 萬
2 張年金型養老險	60～85	26	30,000	36 萬	936 萬
60～85 歲	每月現金流 54,167 元			年領 65 萬	1,910 萬

說明：①以平均餘命 85 歲計；②根據主計處統計，平均餘命每 3 年會增加 1 歲，屆時女性平均餘命將可能達到 100 歲，總領金額 2,885 萬元。

每一個步局，都做長遠打算。

　　除了上述鎖住利率、累積快速、節省保費這 3 點重要優勢外，保單還有每 3 年 1 次「增額」的權利，每次最高可以增額到原保額的 20% 或 100 萬元保額（兩者取其低）。

　　若一開始買的保額不夠高（也可能是一開始能力有限），可以善用這個權利來調高保額，一樣也是用原年齡、原費率計算，只不過，很多人買了保單就忘了它的存在，不會記得當初如何規劃，當然也就不會記得每 3 年可以去行使的權利，只要超過 3 次沒執行增額權，以後就不能再行使，除非遇到結婚、生子等人生重大責任發生時，才會再次啟動行使權。

　　所以，步入中年後才想起這件事，幾乎是已經超過執行增額權的規定，而我是一個有紀律的人，該在哪一年做什麼事，都會按部就班去執行，累積財富的漫漫歲月裡，每走一步路都要先想著下一步。我早就計劃要利用轉換險種機制，所以一開始分了 4 張保單投保，如此可以分批轉換，減輕轉換時一次拿出大筆資金的壓力。

2007 年金融海嘯，經歷了一場雲霄飛車似的紙上富貴後，我發現需要一個保守、保證的理財工具，來存放基金獲利的部分，這時，29 歲買的保單成為資金避風港，配合基金低檔加碼策略，並隨著股市反彈陸續停利，2009 年我展開為期 3 年的「資金挪移計劃」，將 3 張保單分 3 年轉換。

沒想到，2011 年轉換第三張時，我才遞件給壽險顧問，他隨後來電說：「公司 10 天後要取消轉換機制，妳是怎麼知道的？」我說：「我又不在你們公司上班，怎麼可能會知道，我只是按計劃執行而已！」

這個停止轉換的消息，讓內部員工一陣兵荒馬亂，大家急著湊錢想搭上最後列車，最後顧問說全台中地區的職員，唯有我轉換的額度最高。還記得上面說我傻的同事嗎？後來得知我如何運用這張保單達成退休計劃時，他恬恬地吞下他的話，無法回嘴了。有時知道不見得能做到，可見理財紀律是多麼重要！

很多人問我：「為什麼 29 歲開始規劃退休，43 歲就財務自由？」短短 14 年即可達成？道理很簡單，就如巴菲特所說的一句名言：「時間是一條長坡道，穩定的

利率就是雪量，讓時間產生複利效果。」

🎒 長遠布局、紀律執行，是致勝關鍵！

　　我當時 29 歲（1997 年）躉繳保費合計不到 50 萬元，在 2009 ～ 2011 年分 3 次將基金獲利放進保單裡，轉換時補差額約 200 萬元，總計投入保單的成本不到 300 萬元。自 55 歲起每年可以提領 14 萬元，60 歲起每年可提領 50 萬元，到 85 歲平均餘命時，總領金額 1,370 萬元，一直支付我到上天堂為止。

　　我必須強調，我的計劃很難被複製，主要原因是：時間回不去、利率回不去、政策回不去，所有優勢的條件都「回不去了」，現今要用保險作為退休金的準備工具，有極大的挑戰，我個人並不推薦。

　　但大家要了解的是，成功不是偶然，當時的長遠布局、後來的紀律執行，都是致勝關鍵，我在 29 歲穩穩拿到低保費、高利率 2 個好條件，在正確時間、做出最好的決定，又利用低總繳保費（躉繳）、依原年齡利率轉換險種、增額權 3 個機制取得優勢，把資金做最有利及

最有效率的運用。

　　能在 43 歲及早退休，都是靠長遠布局、紀律執行而得到的結果，應該不是單靠「運氣」一言以蔽之。現在發生一件好事，是因為過去做對了一件事！現在的我，感謝 29 歲的自己。

\ 3-5 /
想存退休金
每個月都月光怎麼辦？

高薪資的人，才能提早退休嗎？錯！我必須更正這樣的觀念。錢，不在於收入高低，而在於「可支配餘額的多寡 」！

前面提到低薪資、低職階的粉圓妹，不僅靠著記帳還清股票斷頭的債務外，更造就自己連續 10 年存薪 50%，順利累積出千萬退休金。很多朋友問：「自己每個月 10% 都存不下來，何時才能存到退休金呢？」

經常有類似的新聞報導——年薪百萬卻成月光族，很多人太重視物慾，買一堆想要卻用不到的東西，於是

薪水左手進、右手出,完全留不住。

這種事曾經發生在我的周邊,聽到同事喊窮,引起我的注意,「蛤!她是業務,薪資是我的 3 倍,還喊窮?」我這個低薪的內勤人員,卻可以存下 1 年薪資的 50%,曾經最高紀錄是 60%,別說什麼要養房、養小孩,她的條件跟我一樣,每個月沒辦法存到 3 萬元,真的要去撞壁檢討了!

可支配餘額,才是人生幸福籌碼!

我列出一般人常出現的錢坑,看看自己有沒有類似想法。

iPhone 新機又上市了,快去買 1 台,用吃到飽方案,不用現掏 2、3 萬元。

實情 精算每月電信費用後,「總價」超乎你想像!

別人都可以拍星芒,我的相機拍不出,需要再買個鏡頭;我想拍出山岳的壯闊,還需要廣角鏡頭,但也想要近拍櫻花,所以也要有微距的功能,那乾脆 3 個鏡頭都一起買吧!

實情 拍得比別人差，大多是技巧與構圖問題，跟相機無關。再者，買了 3 個鏡頭最後根本是懶得帶，還要買防潮箱存放。

　　每天來杯星巴克焦糖瑪奇朵（170 元），是上班的小確幸，開心！

實情 自己買咖啡豆現磨現沖，1 杯只需要 4 ～ 8 元，每天現省 160 元，1 年可多存 58,400 元。

　　一般人的通病，當薪水夠用時，就會覺得沒必要記帳和控制預算，隨著年齡越大、責任越重時，必要開支就會跟著增加，這時才驚覺出社會工作幾十年，竟然戶頭空空沒存下什麼錢！

省吃儉用，不代表要犧牲享樂。

　　很多人花錢都只想著「活在當下」，沒有詳細計算，買了中看不中用的物品，或只是為了一時的快樂，或者高估自己的能力。我覺得大家錯誤解釋了「活在當下」這句話，變成有點揮霍度日的意味，所謂財務計劃是透過分配，把較多金錢放在有效能的部分，讓它的價值更突顯。

就算是我縮衣節食存薪 50% 的時候，也樂在生活，並沒有一刻苛刻自己，例如 2007 年存薪 40% 去歐洲 2 次，近 20 年來平均伙食費 3,300 元，依然均衡飲食，有菜、肉、水果，秘訣就是——精打細算、勤勞動手做、創意無限。

我列出多數人會忽略的習慣，可能也是你的問題：

◈ 追求小確幸

也許你會說：「我已經很省了，擠不出更多錢來了。」不妨從平日的生活習慣去思考，是不是愛喝飲料？愛吃零食？愛買一些小飾品？這些看似小錢，日積月累就是一筆財富。

我不喝手搖飲料，出門會自帶水壺，除非喝完了才會買，假設飲料 1 天 35 元，1 個月 1,050 元，1 年就累積了 12,775 元的費用！

不要再被「小確幸」這個名詞給騙了，省下 1 年飲料錢就足夠出國玩一趟，怎麼說都比喝到肚子裡幸福太多了，若能放在好的投資工具裡，1 年少說可累積 800～1,000 元的利息。

◈ 手機綁約

很多年輕人以為用簽約吃到飽來換 iPhone 很划算，孰不知是數學不好，讓我來試算一下，到底簽約買 iPhone 要花多少錢。

寫這篇文章時，中華電信推出 iPhone 12 Pro Max（128GB）購機優惠方案的優惠價 10,300 元，「精采 5G」月繳 1,399 元，綁約分期 36 個月，高速上網 100GB、網外市話各 80 分鐘等優惠內容，卻要付出 10,300 元＋（1,399 元 ×36 月）＝ 60,664 元買這支電話，若記憶體要更高的規格，購機價也越高，如果用不到 3 年手機就遺失，還是要持續付到約滿。

看似大流量方案很棒，除非都在線上打遊戲、追劇，其實多數人不會用到這麼多網路流量；如果真的每天花那麼多時間在打遊戲、追劇，表示你不是高職務、高收入者，那更不該花錢買這麼貴的手機，而是該多花時間提升自己的實力與收入，增加存款、學習理財，往提早退休之路邁進（題外話，提早退休不是要你什麼事都不用做，而是可以拿回人生主控權，做自己覺得有價值、可以發揮的事）。

一般人會誤以為自己隨時在滑手機，網路流量用很大，其實瀏覽網頁、上傳照片，每個月的流量不需要 100 GB 這麼高的費率方案，只是一般人都不想花時間去了解細節。

我去西班牙朝聖之路，因為要寫遊記、上傳照片，每天要按照合作廠商指定網站、自己的 FB 及雲端硬碟，共上傳 3 次，第一張 30 天網卡只用了 2GB，第二張 30 天網卡還用不到 2GB，用量真的非常有限。

我曾問過年輕人為什麼要用網路吃到飽？他們大多回答是方便、不用一直切換，有沒有發現？年輕人存不到錢，都是因為貪圖一時的方便，用薪水換取自以為的便利，可是都沒想過你的薪水都是用時間、勞力、健康的肝換來的！

衣服永遠少一件

有人問：「粉圓妹一直都這麼省嗎？」粉圓妹其實也有匪類的過去。

以前職務是秘書，所以總是要求自己要穿著正式套裝，套裝最少都要 3 件式（上衣、下身、外套），買起

來都很貴，我會趁百貨公司 2 折時去買，看到這裡可以感受到粉圓妹精打細算的一面，但是粉圓妹也有弱點，獅子座喜歡尊貴的待遇。

有位店員很會幫我挑衣服，她把我當 VIP 客戶般一直遞衣服上來，讓我有無限的尊貴感。我試穿了 20 多件，每件都喜歡，打折後平均每件單品只要 1,000 元，很划算，那時不知怎麼的腦波很弱，店員叫我全包，我居然動心，另一位結帳店員看不下去，很有良心偷偷跟我說：「妳不用真的全包」，最後我還是買了 19 件，共花了 19,000 元。

這麼大手筆的買衣服，真是絕無僅有，事後當然也很後悔，但人總是會找到合理的藉口說服自己：「我只是把 1 年的衣服一次買齊，平均 1 個月才 1,500 元置裝費而已」，後來深刻自我檢討，幾年沒再買新衣來彌補這次缺失。

我有沒有從這些衣服得到快樂呢？我無法量化快樂怎麼計算，但穿新衣服的快樂感很短，我也沒因為穿著體面、形象良好而得到加薪，也就是說無法創造更多價值。

◈ 不懂得拒絕交際

有年輕人問到:「伙食費預算這麼低,朋友或同事邀約聚餐時怎麼辦?」這是普遍年輕人會碰到的問題,他們很怕沒朋友、被邊緣化,因此無法拒絕朋友的邀約,或是好面子、怕被別人看扁。

但是節儉並不是羞恥的事,而是美德呀!正確的觀念會讓你挺直腰桿,去拒絕過多的交際花費,我提供如何兼顧交際與儲蓄的解決方法:

①**截長補短**:有聚餐時,前後幾天可以吃簡單一點,只要整個月加總起來不超支即可。

②**選擇性參加**:視聚會主題而決定是否參加,如果只是無意義的閒聊可以拒絕,會增長知識、對自己有幫助的交際活動再參加。私下聚餐時,可以明白告知朋友有預算考量,選擇不太昂貴的餐廳。

③**爭取主辦**:如果別人主辦費用都很昂貴,可以爭取由自己主辦,如此就有挑選餐廳價位的權力,或是決定聚餐的形式,例如每人帶 1 道菜,一樣可以達到交流的目的,又能控制預算。

④**減少次數**:每月控制只參加 1 ～ 2 次,不要都拒絕,

也不要來者不拒，即可兼顧友情與存錢。

⑤**公關預算**：如果交際費是生活中不可缺少的項目，就把它跟平時餐食項目分開記帳，如此比較方便控制預算及事後檢討。

我並不會因為節儉而接受朋友同事請客，所謂「無功不受祿」，接受別人請客事後人情也是要還的，環島時經常有人會說：「來我家住呀！」、「來找我，請你吃飯！」有時人家是說客套話，千萬不要當個白目鬼真的跑去呀！

意外支出

意外有分物品和人身 2 種，不管是哪一種都會造成一筆金錢支出，前者例如手機、電腦、相機、家電等，後者如罹病、受傷等。物品部分，我在編列預算時，會給一個固定比例的金額，來因應意外支出的發生；人身部分，小病自己有能力負擔，大病則是由保險來轉嫁。

生、老、病、死、殘是我們無法避免的事，若能懂得「風險管理」，事先做好規劃，就不怕意外花費拖垮自己財務。

不是苛刻自己，而是找到生活平衡點。

很多人會問我：「為什麼要這麼省？」甚至有人認為：「省得很可悲！」最近看到一句很棒的話，希臘俗諺：「節儉是天然的財富，奢侈是人為的貧困。」這句話道出富與貧的因果。

在 2000 年股災斷頭，還完負債後我告訴自己，不還債，會被斷手斷腳，現在還完債了，一樣要秉持著「不存錢，就會斷手斷腳」的想法來儲蓄。我節省不是因為窮，而是經年累月養成的習慣，我希望把錢運用在有價值的事情上，而不是花在吃吃喝喝的小確幸上。

錢就是擠出來的，有了存款，才能進行下一步驟──靠投資讓錢變大，但也不是要你虐待自己過生活。我覺得多數人存不到錢，是因為沒有堅定的目標，若你覺得這個目標很重要、非達成不可，絕對會想盡辦法。

粉圓妹 19 歲時立志要當老闆，為了籌措入股資金，當時薪水不到 14,000 元，去跟了月繳 1 萬元的互助會，吃泡飯都願意，雖然過程辛苦，但機會是留給有準備的人，我不但存到第一桶金，也賺到許多人生經驗。

2007 年我出國 2 次，義大利 10 天花費 70,165 元、德瑞奧 10 天花費 66,961 元，還能儲蓄率 40%，如果你認真想做，一定可以找到方法，再來就是你願不願意調整、改變自己的消費行為。回過頭來看，真是慶幸自己如此堅持著做，才有現在自由自在的退休生活。

改變，永遠不嫌晚！

人生不能重來，逝去的時間像離去的情人，只能含淚目送它遠走，會不會遇到下一個 Mr. Right 呢？很難說，也無法強求，我從來不把期待放在別人身上，父母、手足、配偶、公司、政府都是不可靠的，唯有自己最可靠。

人生是一場終極耐力賽，沒到終點前，誰都無法論輸贏，改變，永遠不嫌晚！

記住這句話：「你不需要家財萬貫，只要讓可支配餘額大於欲望，你就自由了！」

\ 3-6 /
培養理財能力
好命一輩子！

如果還是擠不出更多錢來呢？每月想要生出更多錢，只有 2 種方法——開源與節流，沒有第三種方法，如果現有的薪俸已經用到很緊繃，無法再改善了，那就想辦法斜槓呀！兼差、接案、跑單……，現在比以前有更多元的工作可以從事，不怕沒事做，只有不願意而已呀！

但是我認為把命（健康）賣給老闆，是世界上最蠢的事，別誤會，我並非主張不要努力工作，是要「努力為自己工作」！在主業以外，培養多項專長，如果主業

收入存不到錢，還可以往外發展，這就是現在所謂的「斜槓族」。

只有單一才能，路會越走越窄。

過去長輩都教導我們要唸書、要考到好學校，擁有高學歷就可以有高收入，才能翻轉未來。過去也許是這樣，但現在並非如此，不是所有的高學歷都可以領到高薪資，有些產業薪資天花板永遠到不了 5 萬元，更不可能成為年薪百萬一族；高薪資也不能當成安享晚年的保證，如果沒有儲蓄習慣、沒有留下財富，沒有維持職場競爭力，也可能提早離開職場。

年輕人都活在當下，心想薪資會逐年成長，但隨著經濟環境變動，很多企業在「去 50 化」，現實情況是，到中年後有可能薪資逐年降低，甚至面臨失業轉職，沒有多項才能，路只會越走越窄。

我的職務是很容易被取代的小秘書，單靠本業的收入儲蓄，是不可能好命的，及早認清這個事實，才能扭轉乾坤。由於當時的公司規定不能兼職，所以我選擇培

養自己的理財能力，來幫自己加薪！

　　別以為讀財經系的人都很會理財、金融從業人員都很有錢，也別以為擁有很難考的 CFP（理財規劃顧問）証照，就可以提早退休。唸書很簡單，做到很困難，有知識以外，還要付諸實踐，很多人懂得許多理論，停利、停損、加碼、資產配置……，實際操作又是另一回事，因為情緒會影響行為，維持良好的理財紀律，這才是最困難的事。

　　不過，一旦把這門課修練好，就會輕鬆一輩子。

人生工作時間有限，理財才能賺一輩子！

　　普通人一輩子能賺多少錢，應該是固定的，有體力能工作賺錢的年數也就 40 年左右，如果薪資有限，又不懂得開源與節流，年老退休後的 30 年要靠什麼吃穿？如何將年輕時賺到的錢，平均分配到一輩子花用，這就是理財的目的了。現在每浪費 100 元，20 年後就少 1 個便當可以吃，你覺得未來可以少吃幾頓飯呢？

　　想通了這一點，就知道理財技能，是一輩子最重要

的技能了，一定要好好學習它，別再妄想老後可以靠別人了！

剛退休時朋友問我說：「妳現在要縮衣節食過退休生活了嗎？」我說：「不用，維持原來的花費即可，還是可以每年出國去玩，若把歐洲線改成亞洲線，可以玩 2～3 次。」我認為退休金不需要把大筆現金放在身上，而是要每月有穩定收入，活到老領到老，所得替代率要 100%，因為 30 年後 100 元只有 50 元的消費力（通膨 3% 估算）。

朋友好心出點子：「妳對理財這麼有興趣，可以開公司幫人理財。」我說：「我從現在到晚年都可以安穩地過，為什麼要冒險開公司製造虧損的機會呢？」錢夠用就好，多數人很貪心，總想用錢賺更多錢，但通常只會適得其反。

朋友問我說：「有年報酬 8% 的投資，有沒有興趣？」我問：「投資內容是什麼？」朋友告訴我內容後，我說：「那不是台中最大的老鼠會嗎？」朋友說那間公司已經運作十幾年，我說：「我若進去了，就是最後一隻老鼠！」理財最重要的是了解風險，天下沒有白吃的午餐，千萬

不要一昧追求高報酬，而忘了風險！

不求大富大貴，但要活得有尊嚴。

過去高利率時代，定存利率 7% 時，放 1,000 萬元，每年有 70 萬元利息，舊時代的長輩們的確能靠定存利息度過退休生活，但現在定存利率不到 2%，放 1,000 萬元，每年只有 20 萬元的利息，原本安享的晚年，變成堪慮的晚年。

有些人會覺得談投資的人很勢利，會這麼想的人可能把投資跟投機搞混了，我這裡強調「投資」，並非「投機」，請想想，從一出生人就脫離不了花錢，若能及早學會運用投資讓自己生活無慮，人生多美好，不是求大富大貴，而是求活得有尊嚴。

而且投資理財並非只是追求財富而已，在累積資產過程中，我們會學習耐心、毅力、紀律、情緒管理、觀察、探索、求知、思考、策略、宏觀、前瞻、控制風險……，哇！你看，我隨便一想，就發現學習理財、累積財富的過程中，居然還有這麼多無形的收穫。如果你問我，最

希望父母留給我什麼？我現在希望時間倒回小時候，父母可以早一點教我正確的投資理財能力。

　　可惜，並非每一位父母都具備理財能力。要有不同的人生，一定要靠自己努力學習理財，那要如何培養理財能力呢？多閱讀、多練習，從基本功開始學習，了解各個理財工具的基本名詞、內涵，理解之後再利用小額的閒置資金嘗試，慢慢從中找到適合自己的理財方法，建立投資策略、持續累積。

　　千萬不要只會道聽塗說，也別期待透過聽明牌、委託別人代操而得到財富，唯有自己具備理財能力，財富才會一輩子跟隨著自己。

　　在這個競爭多變的時代，絕對不能只有兩把刷子，除了理財能力外，最好還能培養更多的斜槓能力，利用知識技能來賺取業外收入，還能兼顧玩樂趣味！

\ 3-7 /
重要問題先解決
再增加被動收入

到電視台上節目，主持人問我現在被動收入多少？我說了一個數字及報酬率，她呆掉了幾秒鐘，我補充說：「因為我的花費很少。」她說：「所以，妳今天是來告訴我們，其實退休不用花很多錢嗎？」我說：「不完全對，因為還必須考慮到長壽及健康風險。」

我的退休金規劃做法跟別人不一樣，我先把最擔心、最不可預測的風險因子——長壽及健康需要的金額準備好，再務實地一步步往前準備，所以被動收入現金流設計成階梯式增加的方式。

長壽風險＝人還在世、財產已花光！

說到長壽風險，就怕「人還在世、財產已花光」，克服長壽風險要有穩定、源源不絕的現金流，這也是我 29 歲規劃退休藍圖，選擇利用保險的原因，雖然不像股票可能有一夜致富的機會，但是細水長流才是我追求的，財務風險跟長壽風險會相互連動。

我前面提到，利用保險、信託做好資產保全，讓我入住養生村或是護理之家，不用擔心資產不見變成人球，可是仍有讀者留言：「可是養生村不收失能的人，要保持健康、生活自理能力。」

一點也沒錯！住養生村要健康能自理。不過，健康和自理是生活的最低標準，怎麼會是擔心的重點呢？我的志氣與眼界可沒那麼小！透過財務規劃規避長壽及健康風險，這樣還不夠，我一直強調，關於退休，財務準備只是其中一項，要同時存健康、存體能、存能力、存興趣，擁有後者 4 項條件之後，就可以少花很多錢，存退休金的壓力就可以小一點。

關於長壽及健康，這裡分成「規劃」與「行動」來

準備：

◈ 規劃部分

如何預先安排人生風險——生、老、病、死、殘？

· **養老險**：領到上天堂的保證機制，解決了長壽（活太久）風險，可以一路玩到掛。

· **養生村**：解決老後居住地、居住安全問題。

· **安養中心**：解決失能、失智風險（病殘）的照顧問題。

· **信託**：解決失能、失智時的財產現金流（按時給付給機構）。

· **保險**：壽險、意外險、醫療險、癌症險等，解決生病、死亡、殘廢時的費用需求。

把年老最無法掌握的狀況、所需的費用穩穩鎖住後，我在 43 ～ 60 歲可支配的現金流，反而不用準備太多，因為只要有健康、有體力、有能力就可以省很多錢。

◈ 行動部分

粉圓妹的退休藍圖長遠布局、紀律執行，從來就不是

口號，必須兼顧身、心、靈 3 方面，說到做到、面面俱到。

2009 年積極調整退休金的同時，我也減重了 11.2 公斤，讓健康指數都轉為正常，43 歲退休後勤練體能，登山、健行、慢跑、騎單車都嘗試，保持運動習慣到現在，體態年輕 10 多歲，體能比 20 歲時還好，贏過時下多數年輕人，相信再保持至 70 ～ 80 歲都不是問題。

退休金準備，要避免過度焦慮。

很多人喜歡亂喊：「退休金要 2 千萬元、3 千萬元、5 千萬元」，如果沒辦法解決你心裡的擔憂，口袋裡有幾千萬或幾億元，都不會感到安心與幸福，因為錢不能解決一切，不能買到健康、不能買到發自內心的喜悅，也許你會為了買到新衣服、名牌包高興幾天，但那不是真快樂。

我認為退休金不是越多越好，適切、穩當地安排便已足夠，否則過度的焦慮，反而不利於財富的增長。錢非萬能，沒錢萬萬不能，取兩者之間的平衡點，即能得到自由。

🎒 日本阿爾卑斯山脈（上高地等）

　　2017 年 6 月日本長野的上高地之旅，我在營地獨自搭帳，打開帳篷即見日本著名的穗高連峰，白雪皚皚覆蓋著山頭，綠樹環繞營地四周，簡直是人間仙境，讓人樂不思蜀，我興起到世界各國 Long Stay 的念頭，這也是訓練我日後學會一個人獨立旅行的緣起。

＼ 實踐篇 ／

居無定所實驗
生活即旅行

＼ 4-1 ／
10年花300萬
退休財務控管訣竅

退休 10 週年時，我公布「退休 10 年花費 300 萬元」
一文，引起讀者熱烈討論，有人覺得花太少、有
人覺得花太多，例如：我明明 1 個月 3,500 元的伙食費
吃得很健康愉快，有人就說我生活過得很清苦；也有人
只喜歡宅在家不出門，所以認為我平均 1 個月 2.5 萬元
的花費太多；有人不愛運動、體能差，因此覺得我老年
會租不到房很可憐；我明明活得快樂自在，有人卻覺得
一個人生活很孤單。

　　各方看法對、也不對，每個人對生活的要求並不一

樣，所以退休金該準備多少，一直成為爭論的話題，上
節目時主持人問我：「妳不怕未來有惡性通膨嗎？」我說：
「記帳 23 年，在我的帳本裡沒有通膨這件事，因為我懂
得調整自己！」

　　我在退休前已記帳 12 年，在記帳過程不斷學習與調
整，培養出能快樂存錢的生活習慣，這長久的消費價值
觀，讓我可以用平常心面對大環境的景氣變化，到 2023
年，我退休已 12 年，仍然用同樣的方式控管財務，維持
相同的生活品質，並且怡然自得。

創新思考，展開居無定所實驗計劃。

　　生活花費本來就沒有所謂「公定」數字，我的花費
當然只能供他人參考，因為每個人條件不同，無法全盤
比照，我有健康、體力、能力、想法、規劃，這些足以
讓我過上喜歡的生活，並且過得不虞匱乏、自由自在，
總括來說，我的人生「靠自己」負責，誰都無可置喙。

　　但是，我知道很多人對退休後的生活樣貌與開銷，
有如瞎子摸象一般，理不出頭緒，退休金估太高，存不

到很焦慮，退休金估太少，又怕老後要靠社工送便當，所以我願意分享自己的記錄與觀點，供大家參考。

事實上，因為退休不用被工作牽絆，反而讓我能大膽作夢、勇敢追夢，發展出創新的生活方式。

「居無定所實驗計劃」起緣是房東漲房租和不客氣的言語態度，讓剛從西班牙朝聖之旅回來的我認真思考，既然我可以靠 1 個背包在歐洲生活 56 天，每天移動居所卻怡然自得，何不退掉固定住所呢？

「走到哪、玩到哪、住到哪」，不被「固定居所」限制住，以青年旅店為家，遊走世界各地旅行，不用多負擔固定住所的租金，旅遊即是生活、生活即是旅遊，把生活費與旅費完美結合，可以深度又廣度的一邊旅行、一邊過生活。

計劃之初也不確定自己是否能長期適應，所以跟自己約定為期 1 年的「居無定所實驗計劃」，結果 1 年到了，我當初預想的好處不但全部達成，還有超乎我意料之外的發展，於是我不想重回原來固定住所的生活模式。

如今已居無定所歷經 3 年，有足夠的數據可以跟固定所住時的生活來做比較。

省下水電、交通費，實踐旅行即生活。

這裡我劃分 3 個階段來比較：

①退休前：以 123 個月數據統計，月均花費 27,244 元；

②退休後「固定住所」：以 102 個月數據統計，月均花費 25,701 元；

③退休後「居無定所」：以 30 個月數據統計，月均花費 16,392 元。

退休後「固定住所」

退休後居住的費用基本上跟上班時期差不多，唯一不同的是不需要牽就工作住在特定地點，不用住一級城市、不用住蛋黃區，可以省下不少租金，退休後我搬過幾次家，雖然都在台中市，但會找不同的區域，嘗試不同的生活圈。

在不改變居住模式的情況下，每年花費與退休前差異的項目：①減少部分：置裝費、交際費、所得稅；②增加部分：勞保費（續保自負 80%）；③持平部分：食、住、行、育樂。

退休前、退休後 2 階段生活支出統計　　單位：元

	退休前合計（月均花費）	退休後（Ⅰ）合計（月均花費）	退休後（Ⅱ）合計（月均花費）
2001	203,699 (22,633)		
2002	315,013 (26,251)		
2003	374,124 (31,177)		
2004	410,457 (34,205)		
2005	384,468 (32,039)		
2006	339,177 (28,265)		
2007	406,667 (33,889)		
2008	274,318 (22,860)		
2009	290,433 (24,203)		
2010	352,598 (29,383)		
2011	175,555 (29,259) 上半	128,436 (21,407) 下半	
2012		339,514 (28,293)	
2013		361,814 (30,151)	
2014		321,080 (26,757)	
2015		288,214 (24,018)	
2016		280,077 (23,340)	
2017		304,607 (25,384)	
2018		272,012 (22,668)	
2019		351,492 (29,292)	
2020			224,972 (18,894)
2021			166,776 (13,898)
2022			97,926 (16,385) 上半
總計	3,350,954 (27,244)	2,647,245 (25,701)	487,923 (16,392)

· 置裝費：退休後不用再添購上班套裝，日常多從事運動類活動，以穿著運動休閒服為主。有些登山裝備很昂貴，例如防水外套 1 件要上萬元，但這是保命的裝備，非買不可。

· 交際費：沒有同事，自然少了許多紅白帖、聚餐等交際活動。

· 所得稅：不用上班沒有正職收入，斜槓收入依法申報都在免稅範圍內，故沒有所得稅的問題。

· 勞保費：我要 50 歲單筆提領，剛退休時繼續繳保費可以累積年資，至上限 45 個基數，個人負擔保費 80%，比起上班時個人只需負擔 30%，每月支出多了約 2,000 元，每 2 年還會上調保險費率。

· 食、住、行：依我常年的生活習慣，食、住、行 3 部分不會有太大的改變。

· 育樂：對於退休族來說，育樂是很容易失控的項目，很多人甚至在儲備退休金時根本忘了這個項目，或者是顧肚子都不夠了，無法想到娛樂項目。

尤其剛退休的前幾年，突然時間變多，再加上慰勞自己多年辛勞的心態，只要別人揪出國就會想去，幾年

之後才驚覺錢不夠用，這是很多人退休金出現短缺的原因之一，沒有好好計劃每年的消費額度，忘了理性控制預算，尤其是一筆提領退休金的退休族，口袋麥克麥克野心就大了，忘了這些錢要花用幾十年。

我早有認知，所以我強調不將退休金整筆放在身邊，而是「化整為零」變成每月可提領的現金流，如此才容易控制每個月的花費預算。

我把登山當成退休目標，勤練體能、勤習知識與技能，將出國旅遊改成國內登山、單車等運動旅行，退休

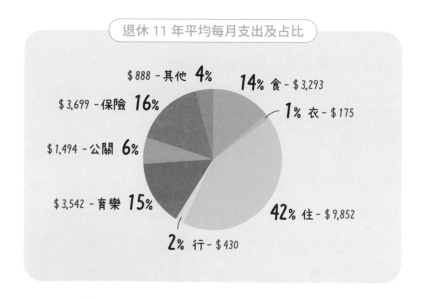

退休 11 年平均每月支出及占比

$888 - 其他 4%
$3,699 - 保險 16%
$1,494 - 公關 6%
$3,542 - 育樂 15%
14% 食 - $3,293
1% 衣 - $175
42% 住 - $9,852
2% 行 - $430

前每年出國 2 次年均花費 6.2 萬元，頂多爽個半個月、1
個月，退休後用同等預算在國內登山旅行，年均花費 5.4
萬元（包含昂貴的登山裝備），運動旅行可以天天玩，
不但更快活、更健康，還練出好體能！

◈ 退休後「居無定所」

　　西班牙朝聖之路開啟了我不同的思維，出國期間仍
要支付房租、管理費、基本水電費，人在國外我依然按
時匯入房東戶頭，房東居然不讚美我守信可靠，反而傳
訊息說要漲房租。這個住所光線很差、通風也不好，住
了 5 年我越住越覺得被困住，整個人缺少活力，在朝聖路
上我又恢復原本的活力，身體各處痠痛的小毛病全都不
藥而癒，房東的傲慢態度剛好促使我有勇氣「斷捨離」。

　　・心境方面：當自己勇敢跳開「固定住所」的限制後，
少了旅行往返的交通費、住宿費，可以去任何城市或鄉鎮
居住，體驗當地的風土民情，在最好的天氣或季節欣賞當
地風光，生活變得非常有新鮮感，感受到真正的自由。

　　・身體方面：居住旅店雖然少了個人空間與隱私，
卻能改正居家懶散的生活習慣，正常的作息讓我肩頸痠

痛、五十肩等等小毛病都不見了。

　‧支出方面：原本只想用「固定住所」的費用，來過「居無定所」的生活，沒想到一切都超乎預期的順利，當然也因為疫情的關係，旅行範圍只能侷限在台灣，單在住宿部分就比租屋月均少了 3,000 元，將「旅行與生活」完美的結合成一筆花費，等於 365 天都在旅行，所有的花費卻比原本固定住所還少。

　‧　因此，我做的退休 11 年生活花費統計，特別把「固定住所」和「居無定所」分開來看，可以更清楚其中的差異，退休後「固定住所」月均花費 25,701 元，「居無定所」月均花費 16,392 元；分別項目來看，住、育樂、

退休後固定住所 8.5 年實際支出　單位：元

2011～2019	食	衣	住	行	育樂
合計	330,106	18,992	1,072,446	49,468	454,730
平均	3,238	186	10,548	506	4,383
占總支出比率	12%	1%	41%	2%	17%
2011～2019	公關	稅金	保險	其他	總計
合計	163,388	10	439,298	118,808	2,647,245
平均	1,589	0	4,087	1,164	25,701
占總支出比率	6%	0%	17%	4%	100%

統計日期：2011/7/1 ～ 2019/12/31

退休後居無定所 2.5 年實際支出					單位：元
2020～2022	食	衣	住	行	育樂
合計	103,798	4,379	232,831	5,541	27,630
平均	3,458	142	7,764	204	1,017
占總支出比率	21%	1%	48%	1%	6%
2020～2022	公關	稅金	保險	其他	總計
合計	39,136	-14	70,706	5,667	489,674
平均	1,209	0	2,537	62	16,392
占總支出比率	8%	0%	14%	1%	100%

統計日期：2020/1/1 ～ 2022/6/30

保險、其他費用降低，食、衣、行、公關費用持平。

　‧住：青旅談包月相當於套房的租金，但是省了管理費、水、電、瓦斯、網路等費用，就算加上倉庫租賃都比原本居住花費月均減少 3,000 元。後來我將倉庫裡的物品處理掉一半，又可減少 1,000 元的支出。

　‧育樂：「居無定所」後只帶 3 套衣服，沒地方囤放就不會愛買，以單車為交通工具，走到哪、玩到哪、住到哪，節省了長途往返的交通費，天天旅行反而降低了育樂的花費，月均花費少了 3,366 元。

　‧保險：月均減少 1,550 元，主要是勞保已提領，不需要再繳費，剩下還在繳費的是健保、醫療險、意外險。

· **其他**：主要是意外花費，例如手機、電腦汰換等，「居無定所」後免費享用旅店的設施，不用再自己添購、汰換居家設備，無形中也省了一筆錢。

有些人不懂，以為我住青旅是因為窮，這真是大錯特錯！能住青旅 3 年，表示我的包容性高、適應力強、身體夠好，才能享受移動式的生活，這就是我一直強調的，退休不只是退休金的問題，把體能練好、能力備足，就可以創造無限可能的生活型態。

很高興疫情趨緩各國打開邊境，2023 年終於可以把「居無定所實驗計劃」延伸至海外。你不敢做的事，粉圓妹親身實驗給大家看，不用家財萬貫也可以提早退休、游牧世界！

🎒 不被僵固思維綑綁，創造自由的老後生活！

很多有房的銀髮族，因為沒有充裕的現金流，導致他們不想出門花錢，越不出門就越封閉，加上體能、肌力迅速往下掉，就越沒有意願出門活動。再來就是沒有多餘的預算去整理老房子，即使有房可遮風避雨，但人老了、房

子老了，尤其年紀越大越是有囤積癖，長期住在老舊、雜亂的生活環境，對身體及心靈都有不健康的影響，這是我觀察到很多長輩老後產生的身、心、靈問題。

　　這也是小資族的我當初選擇儲備退休金，而不是買房的原因，當我的薪水只夠存一筆，在存退休金與買房之間必須抉擇時，我寧可讓自己有足夠的現金流，有錢不怕沒有地方住，養生村、飯店、旅店都不會因年長而拒絕我。

　　所以，不用一味的擔心通膨、退休金儲備不足，保持靈活的心境、高度的適應力，讓自己老後充滿彈性，不被僵固的思維所綑綁，經常換角度思考、換方式生活，呼應上面所言，只要具備健康、體力、能力、想法、規劃，就可以過上喜歡的老後生活。

\ 4-2 /
錢花得少
等於日子苦哈哈？

我在 2023 年年初滑過一位退休達人 FB，他說 2022 整年開銷 180 萬元，真是嚇到我了，怎麼這麼會花錢呀！他並沒有分享花費細節，只是粗略呈現 1 年 4 季的開銷總額。

我每月、每年都會盤點自己的開銷，完整公布各項支出金額，2022 年整年開銷約 18 萬元，盈餘 15.2 萬元，「居無定所實驗計劃」讓我 1 年省了 4.1 萬元，不但生活品質好，還可以走到哪、玩到哪、住到哪。

180 萬元！對我來說真是天文數字，足夠讓居無定

所的粉圓妹在台灣玩樂 10 年，或西班牙朝聖之路去 25 次，或歐洲住 5 年！你說，退休金多少才夠呢？真是因人而異呢！

　　羨慕他嗎？我不羨慕別人，我喜歡務實的自己。

控制預算不難，拐個彎就辦到。

　　雜誌編輯訪問我：「最近物價漲很兇、通膨嚴重，妳沒有感覺嗎？退休後金錢只出不進，不會恐慌嗎？」我對數字這麼敏感的人，當然很有感覺！

　　日前去全聯，想買我最愛吃的可樂果，從架上拿起時突然瞄到它漲了 5 元，從 20 元變成 25 元，漲幅達 25%，我原本期待用蝦貝（ShopBack）網站賺 5 元回饋，結果變成剛好打平漲幅，於是決定放回架上，其實不吃也不會怎樣，真想要吃，還有其他沒漲價的零食可替代。

　　某天買了中美街常吃的水煎包，也是從 13 元漲成 18 元，漲幅 39% 很誇張耶！其實很多地方還是買得到 13 元、15 元的水煎包，一樣很好吃，繞個路就行了。

　　住青旅時，有位年輕人連續幾天都買櫃枱昂貴的進

口啤酒，直到最後一天她去超市買了一手特價啤酒，我
問她怎麼突然改變作風，她說：「買 2 瓶昂貴啤酒，等
於一手特價啤酒。」我說：「我一直在等妳自己發現，

時間 \ 項目		食	衣		
			服飾、配件	化妝、保養品	整髮
退休前	2005	38,392	16,759	23,867	5,499
	2006	39,108	9,746	18,253	5,100
	2007	39,990	12,407	10,793	700
	2008	45,478	6,442	3,731	600
	2009	45,501	12,915	6,878	1,182
	2010	37,586	21,880	6,503	978
	2011	37,929	9,500	2,210	768
退休後	2012	38,544	2,894	1,315	100
	2013	37,591	2,252	1,742	1,299
	2014	37,848	1,512	69	700
	2015	35,926	1,796	0	378
	2016	42,046	358	0	249
	2017	43,241	0	0	100
	2018	40,963	386	182	488
	2019	34,392	386	1,082	566
	2020	44,225	1,327	129	239
最高		45,501	21,880	23,867	5,499
最低		34,392	0	0	100
年平均		39,923	6,285	4,797	1,184
月平均		3,327	524	400	99

粉圓妹記帳本 計算 16 年平均花費　　單位：元

說明：色塊紅為高、綠為低。

如果我和妳說，妳一定回嘴懶得出門方便就好」。

省錢真的很簡單呀！就是勤勞一點、用心一點、彈性一點，對抗通膨一點也不難！

我每個月平均伙食費是 3,000 多元，有些網路鄉民揶揄說我是吃土、自己種菜，我姊也曾說：「妳住台中物價比較低啦！」2018 年 5 月回台北，在她家樓下經過便當店，看到便當 65 元，我說：「妳看，台北也是有便宜的便當呀！」即使在 2022 年大家都喊通膨很有感之際，我一樣在她家附近看到 70 元的便當，用地區來評斷物價，是一個粗略的看法，在高物價地區，仍然可以買到便宜的東西，端看你怎麼使用錢。

不能控制通膨，但可以掌控自己的行為！

平均月伙食費 3,327 元，大家一定想問我一天 110 元怎麼吃？我喜歡自己做三餐，有肉、有菜、有主食，也會買水果、營養品，什麼都不缺，偶爾懶得煮才吃外面。

我跟普通人一樣，在自己動線方便的區域買菜，早市或黃昏市場、全聯、大潤發等，下午爬山運動後，在

登山口的賣菜小販順便添購青菜及水果，3 把 50 元的青菜可以吃 3 ～ 5 餐，超市 100 元的肉類也足夠吃 3 餐，主食不論是飯、麵、餅，1 餐不到 10 元，買季節性水果又甜又便宜，像木瓜產季時 100 元 3 大粒，足夠吃 6 餐。

在外面小攤賣的蔥抓餅一片 30 元，自己煎只要 10 元，每天必喝現煮咖啡，自煮 1 杯只要花 4 元，加牛奶變拿鐵只要 15 元，與連鎖咖啡店 1 杯 120 元的拿鐵相比，只要改變習慣，每天省下 100 多元，1 個月即省下 3,000 元，可以定時定額買基金，我想吃的、喝的從來沒缺過，更從不感覺苛刻自己，或是日子過得苦哈哈。

伙食費低並沒有讓我營養不良，體能上也不輸人，平時走路超快，攀登高山也都自己揹裝備，從來不靠別人。所以，均衡營養的飲食，並不是以價格來決定，如何吃得營養、健康又有體力、又能快速烹煮、滿足口腹之欲，秘訣就是「精打細算＋勤勞動手做＋無限創意」，省錢的同時也可以把生活過得有質感。

剛退休時，同事一直問我：「這麼早退休，錢不會花得心慌慌？」如果能像我這樣精準掌握自己的「可支配餘額」，就不會心慌了。精準掌握的功夫怎麼來？這

可是我花了 23 年記帳練來的功夫，也別忘了，這 23 年的物價飛漲，很多人一定抱怨過，可是在我的帳目上看不到通膨這個東西。

人生斷捨離，錢要浪費在美好事情上。

2020 年初展開「居無定所實驗計劃」前，處理退租住所物品時看著滿堆舊衣物，邊丟心邊在滴血，不免問自己怎麼這麼會買呢？翻開帳本一看，2014 ～ 2019 年連續 6 年，每年置裝費不到 2,000 元（包含衣飾、保養化妝品、整髮），心裡安慰了一下，那是以前造的孽！

再往前看 2006 ～ 2013 年連續 8 年，每年置裝費不到 30,000 元，1 個月不到 3,000 元，也還說得過去，原來最匪類的是 2003 ～ 2004 年，1 年置裝費高達50,000 ～ 65,000 元，我又想起當時禁不住店員遊說，一次買了 19 件衣服的往事！

這麼省做什麼？我有因為不買衣服而變醜了嗎？人緣變差嗎？失去社會地位嗎？不但沒有，我還可以提早開除老闆，過我的夢想生活！

　　其實我也沒有虐待自己，我將省下來的錢拿來拓展視野，我最大花費都在旅遊，退休前年假很多，可以安排 1 年出國 2 次，去過法國、德國、瑞士、義大利、英國等共 22 個國家，平均每月旅遊花費 5,000 元（2005 ～ 2011 年）。退休後，從事登山、單車、旅行等花費及昂貴的裝備支出，也一樣編列在我的育樂預算中。

　　這 10 年我攀登了台灣百岳 52 座、中級山、郊山無數，出國多次，包括西班牙朝聖之路健行 800 公里、日本關西高野山世界遺產古道健行 162 公里、四川稻城亞丁 10 天、日本上高地登山健行露營 12 天、韓國賞楓、濟州島登山、廣州、杭州……，平均每月旅遊花費 4,100 元（2012 ～ 2020 年），與退休前的育樂支出相差無幾。

　　2020 ～ 2022 年不能出國時，單車環島 2 圈，超過 12,000 公里，足跡踏遍 80% 台灣 368 個鄉鎮市區。

　　如果覺得休退金是個可怕的數字，那現在就要先學會「如何分配可支配餘額」，一個人一生薪水就是那麼多，怎麼分配至關重要，現在多花一點，以後就沒得花。如果夢想的目標夠明確，擬定好計劃就要紀律執行，事在人為，沒有做不到的事，只有不夠用心、不夠努力。

\ 4-3 /
退休生活
和想像中不一樣？

退休後生活和想像中有不一樣嗎？退休第一天日子怎麼過的？43歲退休，時間太多怎麼打發？退休生活每天起居如何安排？沒事做不會很恐慌嗎？會後悔提早退休嗎？這些問題我經常被問到。

起初，我覺得這些問題很無聊，後來發現，讓中年人對退休卻步，退休金並不是唯一的問題，不知道退休後的生活重心該如何安排才是重點，他們像是瞎子摸象，理不出一個頭緒，或許心裡曾經盤算過，但還是沒有勇氣及信心改變現狀，放手一搏。

為成功找方法，拿回人生主導權！

記得受訪時有主持人問我：「退休第一天日子怎麼過的？會後悔提早退休嗎？」

退休第一天，同事幫我辦「畢業典禮」，我請同事吃披薩，一開口致詞我就哭了，別誤會，我一點也不難過，雖然我是被迫離開職場，但我早已為退休做好準備，離開職場的日子，每天都像快樂的小鳥，沒有一天後悔過！

此外，我發現大家很喜歡問：「會不會後悔」，或是「有沒有退路」的問題。

「為成功找方法」這句話約莫是 25 年前，一位主管在台上當眾對我的評語，那時我只是小小的私人助理，奉命辦聚餐，懵懂不知自己到底做了什麼得到這樣的稱讚。現在回想起來，我不知該說這位主管慧眼獨具，當時就看到我的特質，亦或是這句讚美深植我心，每每訂下目標時，我都會告訴自己是個會為成功找方法、具有成功特質的人，所以遇到困難時都能找到方法迎刃而解。

目標可以遠大、也可以微小，如果沒有毅力及方法，

越微小的目標越難以達成。你的目標可以訂 1 個月寫 2 篇讀書心得，或每天記帳，這些再微小不過的目標，卻考驗著你的毅力及決心，「想要」才是關鍵！

　　人生不會一帆風順，但我真的就是有這個特質，遇到困難也會勇敢面對、接受挑戰，也許有時會因為卡關而繞遠路，但絕對不走回頭路。

🎒 大步向前，退休日子越來越有趣味！

　　退休是人生的開始，我不再需要把時間、青春、健康賣給公司，我要趁著自己年輕有體力時，多去世界各地看看，我勇於追求創新與突破，我是自己人生的導演，精彩劇本由自己編寫。

　　退休後有一段時間我住在格局不好的房子裡，也遭遇情緒低潮、不想出門，心知這樣不行，於是每天逼自己出門運動，想辦法找到新目標。後來去了西班牙朝聖之路，回來後才想出「居無定所實驗計劃」，設法讓自己不會陷入一成不變的生活中。

　　住在青旅不能像住在自宅般坐沒坐姿，但這是讓我

保持紀律的方式，下雨天不出門時，早上 9 點到晚 9 點我會坐在書桌前、硬木椅上寫文章或閱讀、搜集資料，我可以連坐 12 小時，我開玩笑說自己工時比上班族還長，但我是在做自己想做的事，不會覺得累或煩！

我雖然是面臨工作調動被迫離開職場，但因為早在退職前 3 年就意識到危機，提早布局退休金、健康（減重）、體能、目標，因此我可以宣布退休，立刻無縫接軌朝自己的興趣及目標發展，丟掉討厭的人事物。

雖然我的理財略有成果，但我不想退休後還每天花時間在股市殺進殺出，理財能力必須成就我身心靈的自由，而不是成為限制我自由的絆腳石，我不追求上億身價或是每年領息百萬，我只要被動收入夠每月花用就好，把精神放在更美好的事物上，才是人生最重要的事。

退休初期很多事還在摸索，於是我加入登山社團、參加社大課程學習登山知識，跟自行車社團練團騎，參加社團有好有壞，後來自己有能力開團了，一樣會碰到不懂得感謝的隊員，忙著配合別人很累。

最後發現，獨立才是王道，有能力說走就走、想停就停，不再需要牽就別人，我擁有自由很快樂！

\ 4-4 /
人生
至少要有一次壯遊！

有人開玩說：「年老時要的不多，只求睡得著、吃得下、拉得出、起得來、走得動！」這話雖說是開玩笑，卻很貼近現實，身體機能衰退時辰很難預測。

以社會學的角度，65 歲才進入老年期，但平平是 65 歲，有些人健步如飛，有些人則是老態龍鍾，所以提早計劃人生下半場，是非常重要的課題，尤其是體能、能力，只會越來越差、越老越害怕接觸新事物。

我退休前就是意識到，不要等到老得走不動時，才後悔沒有去看看世界，沒有體驗更多新奇的事物！旅行

不需要豪奢，增加旅行的長度、深度、廣度，比較重要。

藉口很多，但出發只需要勇氣。

　　從年輕時期，我的內心裡一直藏著「流浪」因子，隨著退休藍圖的規劃，我移居式的退休人生想法慢慢萌芽。一個沒有儲蓄、沒有任何基礎的年輕人說要去「流浪」，或許會給人不切實際、逃避責任的任性感，但對於一位已經將退休生活費以及老年人生安排到 100 歲的大齡女子來說，它，就不能被冠上「任性」一詞來解讀，而是一個「沒有羈絆、隨心所欲的自由人生」。

　　剛退休時，有段時間我常常嚷著想去環島、出國自助行，朋友就說：「去呀，妳又不用上班，為何不去？」我也答不出來，總覺得有很多牽絆放不下、離不開，有一拖拉庫的藉口讓自己踏不出去。

　　我相信很多人會不解，「妳沒有小孩、配偶的牽絆，沒有經濟壓力，已退休不用上班，人生充滿自由，為什麼還會覺得被困住呢？」我意識到困住是因為習慣安逸，是害怕改變，是恐懼未知，很需要一個理由幫助我跳脫

現狀的勇氣，這應該也是很多人遇到的問題。

　　雖然退休後我不斷練習長程獨旅，很喜歡背著大包在台灣一個人流浪，常被大家說很勇敢，不過在台灣語言都通，完全沒有溝通障礙，外語很爛的我，從來沒有在國外旅行這麼多天，更別說是要一個人面對幾十天的異國生活，因此有些惶恐，不斷找藉口推延出發時間。

　　直到我認真準備西班牙朝聖之旅時，才發現踏出去好像沒有想像中的難，只要事前準備充足，語言並不會成為阻礙，也沒有那麼容易把自己搞丟，訂房、訂票、搭機、搭車也都不是問題，那還有什麼問題呢？唯一的問題就是「出發的勇氣」。

用優點彌補缺點，從害怕變無懼！

　　西班牙朝聖之路的緣起為西班牙北部城市聖地牙哥康波斯特拉（Santiago de Compostela）的主教堂，存放著耶穌十二門徒之一「聖雅各」的遺骨，從中古世紀以來，便吸引各地信徒來此朝聖瞻仰，後來西班牙政府把它發展成觀光路線，越來越多非教徒也慕名而來朝聖。

　　朝聖之路有很多條路線，我走最熱門的一條「法國之路」，正式名稱為「聖雅各之路」或「聖地牙哥朝聖之路」，起點從法國邊界翻越庇里牛斯山，一路橫越西班牙國土，全程 800 公里，這條路被聯合國列為「世界文化遺產」，是全世界僅有 2 條的「巡禮路」之一，另一條是日本的四國遍路。

　　最初吸引我的點，是 1 個月的朝聖之路旅程竟然 5

聖雅各之路（法國之路） 800 公里

萬元有找（以 32 天簡約餐宿計算，亦不包含前後城市的旅遊），心想：真是太划算了吧！到歐洲沒去過的國家，又可以每天走路、看風景、體驗當地文化，加上沿路設施齊全，資料清楚，還有許多共同目標的人一起加油打氣，一個人也不怕搞丟，對於愛徒步運動的我，簡直是完美的 Long Stay 路線。

　　多數人有時間限制，通常會以官方建議的行程天數

粉圓妹 56 天西班牙朝聖之旅花費

行前花費	機場客運 600	申根險 2,583	網卡 1,210	旅程雜支 3,044	合計 7,437

	機票	食	宿	行	合計	日均食宿
朝聖 45天＋交通5天	19,042	13,342	15,346	4,009	51,739	700
巴黎 3天3夜	–	1,035	3,115	527	4,677	1,383
馬德里 3天3夜	–	982	1,625	142	2,749	869

56天總花費 7,437 + 51,739 + 4,677 + 2,749 = 66,602 元

來完成，或是分段式完成，而我時間很多，獨旅又不用牽就別人，彈性非常大，於是選了機票價格最低的日期購買，規劃了 56 天的旅程，包含交通日 5 天、巴黎 3 天、朝聖之路 41 天、世界盡頭小漁村往返 4 天、馬德里 3 天，食宿機票雜支等全程總花費 66,602 元，平均每日花費 1,189 元，在去之前，我的預算就是設定 1 日食宿 18 歐元。

住宿花費

　　為何旅費這麼低呢？從中古世紀開始朝聖者（Pilgrim）長途拔涉到聖城，是為虔誠的信仰而來，不是抱著享受觀光的心態而來，當時教堂會提供朝聖者歇息之地，大家簡單吃住，隔天繼續趕路，這專為朝聖者準備的住宿中文譯稱庇護所（Albergue）。

　　後來越來越多非教徒慕名而來，於是西班牙政府把它發展成觀光路線，教堂無法提供這麼多住宿床位，於是接受私人民宿、旅宿業者提供庇護所。

　　朝聖者在起點辦公室報到後，官方會提供住宿列表，裡面詳列沿途城鎮的公里數、住宿點、設備、提款機等資訊，朝聖者可以依照自己的腳程規劃路程，挑選適合

自己價位的住宿點。由於公立庇護所不能預約，先到先排隊，私立庇護所也不一定能預約，還有語言溝通問題，所以最好不要超過下午 3 點抵達住宿點，以免沒有床位，得再多走幾公里到下一個村莊。

　　庇護所的設備就像青年旅館，一間房裡多張單人床或是上下舖的床，公立約 5 ～ 10 歐元或自由捐獻，私立約 10 ～ 20 歐元，朝聖者出示朝聖者護照，可以取得優惠價格，比一般觀光客住宿花費少很多。我在台灣經常登山住山屋睡大通舖，相比之下庇護所的設備根本是天堂，對於沒有經驗、講求舒適、隱私的人來說，有些城鎮有旅館或飯店可選擇，花費當然會比較高昂。

　　住宿價格會隨著地區高低變化，平均每日住宿可以控制在 10 歐元。

餐食花費

　　有些庇護所有包餐，提供給朝聖者主食、麵包、湯（或飲料）一組的套餐，約 10 ～ 15 歐元，遇到有廚房、鍋具的庇護所，可自行至超市買菜煮食，費用就便宜一些，中午吃行動糧，或途中咖啡館休息小吃一點，約下

午 2 點到庇護所後再去採買、吃正餐,所以吃的預算因人而異,像我食量小,抓的預算會少一點。

我很習慣歐洲的輕食,在超市、雜貨店採買當天食材及隔天早餐、行動糧,大城市有超市反而花費便宜,小村莊物資缺乏相對貴,有的小地方甚至沒有超市或雜貨店,必須吃餐廳,朝聖者每日特餐約 10 歐元,比西班牙南部大城市便宜,附餐紅酒很大方給 1 瓶或 1 壺 500ml,沒有 1 杯的啦!偶爾吃很有幸福感,天天吃就很母湯(台語,不行的意思),整個旅程朝聖餐、餐廳、Bar 去了 21 次,如此截長補短,平均每日餐食控制在 8 歐元。

很多人走到後段會很想念台灣的食物,我倒沒有這麼想念,回國後反而聞到雞排、豬排便當會想吐,過 1 週才漸漸適應,我很適合到歐洲居住,哈哈哈!

◈ 路況

朝聖之路大多走在鄉間田野,並不是山路,樹林路段很少,所以很曬,除了第一天翻越庇里牛斯山時,會有 1,000 公尺的爬升外,途中共經過 3 座 1,500 公尺的山峰,其他路段約走在海拔 600 公尺左右,多為緩坡。

因為路程長，背負的重量要斤斤計較。在台灣高山縱走我可以背 14 ～ 15 公斤，但最長只有 7 天行程，從來沒有連續徒步 30 ～ 40 天的經驗，去過的學長學姊們提醒，不能拿台灣 7 天長程縱走相比，背包重量最好控制在體重的 10% ～ 20%。登山向來講求輕量化的粉圓妹，在裝備運用上算是經驗足夠、物欲也低，只怕不會外文有困難時無法求救，故裝備的重量比預期多了一些些，在機場秤重是 9 公斤（不含水、食物）。

朝聖之路有每天寄送背包的貨運服務，不過很容易寄丟，再加上語言不通、費用不低，包不離身還是最好的策略。在台灣自我訓練這麼多年，我了解自己的身體，知道步行的技巧，只要不急進用自然的節奏行走，評估 10 公斤應是我可以負擔的。

我原本也想照官方建議的行程走，後來發現遠道而來，千萬不要為了趕路，把自己弄得累到無心欣賞風景，這樣太可惜了！

語言

講座時很多人問：「不會外語可行嗎？」我說：「不

會外語，就儘量減少開口溝通！」大家聽了哄堂大笑。

在陌生的國度，不會英語、西語，一個人獨行 800 公里、56 天的旅程，說完全沒有恐懼是騙人的，我早就想到這個問題，最好的解決方法就是做足功課與準備，出國前我為自己做了一本「旅遊手冊」。

這可是朝聖之路旅遊手冊唯一中文版，粉圓妹出品的，裡面有機場、火車站搭乘資訊、朝聖之路辦公室資訊，以及每天的行程計劃，還有一些駐外單位資料、緊急用資料、記帳表格等等，可以減少求助的機會。雖然手機裡存有 1 套電子版，但手機壞了或掉了，到時就叫天天不應，所以才又帶了紙本手冊，雙重保障！

我在第 45 天終點遇到 4 位台灣女生，她們說語文真的很重要，我說不會呀！我語文這麼爛，都能獨自在歐洲生活 40 多天（咦？跟我出發前心態完全不一樣）。原來她們行李寄丟了，要麻煩庇護所幫忙找行李，村莊庇護所工作人員不會英語，溝通上比較有障礙，所以急得像熱鍋上的螞蟻，她們說：「因為妳都自己背呀！」是的，訓練自己有能力背，就可以不求人。

每個人都有優缺點，要善用優點彌補缺點，就沒有

什麼困難可難倒！

 ## 出發時無所求，卻滿載而歸。

　　以前走朝聖之路的人多為教徒，現在則有很多熱愛健行的非教徒，願意拋開物慾，透過人類最原始的步行能力，與自己心靈對話。行進中的人事物、點點滴滴，都可以帶來不同想法與感受，藉以洗滌、淘空、領悟，這條路上很多人因為失婚、失業、失戀、失去健康、失去人生方向而來，故大家又稱它為「療傷之路」，但別以為這條路充滿了悲傷，在這條路上大家溫情與熱情滿滿，因為大家更懂得「付出」與「愛」。

　　很多人會問：「漫漫長路都在想什麼？」我開玩笑說：「你把討厭的人罵一遍、愛你的人感謝一遍，就到終點了！」剛開始時，腦子會一直回顧過往，有時想到傷心的事、有時想到開心的事，這個過程有如在淘空，也像是在與自己和解，最後你自然會有所領悟，走出自己的「結」，把垃圾都倒出來後，周邊美麗的風景、友善的人們、新奇的事物，又重新注滿內心。

當然你也可以什麼都不想，單純享受走路、享受過程，不論酸甜苦辣，都是獨一無二的人生滋味，值得好好品嚐。

出發前我覺得被困住，一方面是因為住處光線、通風、氣場不佳，長期腰痠背痛、睡眠品質不佳，懶散沒有活力。沒想到飛了大老遠來到歐洲，每天背 10 公斤、走 20 公里的路，讓原本的毛病不藥而癒，且愉快又充滿活力。行前做了很多功課，但長途旅行變數很多，我給自己的功課是學會接受不完美、學會隨遇而安、學會控制焦慮，坦然接受「發生的一切，都是最好的安排」。

最後，不但如願瘦了 5 公斤，也稍稍改掉自己急躁的個性，我真的學會放慢腳步，我本無所求的來，卻滿載而歸，懂得過程才是人生最美的風景。

學會放棄，才能獲得更多。

人年紀越大，越喜歡安穩，越要求有自己獨立隱私的空間，西班牙朝聖之路這種「滾動式」的生活，卻讓我感覺充滿樂趣。

　　很多人會問我，去朝聖之路需要具備什麼條件？其實多數人都是卡關在「身體的自主性」，覺得徒步旅行很有深度，但沒有體能很痛苦，對環境沒有適應能力，跟陌生人同房不自在，不願意接受新事物，身、心、靈各方面都給自己過多的設限。

　　想要在中年後用少少錢游牧全世界，粉圓妹體悟到只需具備「3 不、3 好、3 有」的能力，即可圓夢：

　　①不強求，保持隨遇而安的心境。

　　②不認床，到處可以睡得著的身體。

　　③不挑剔，各國食物都能適應。

　　④好相處，勇於接觸新朋友，更懂得與自己相處。

　　⑤好體力，上山下海都可以。

　　⑥好適應，頻換時差地域沒問題。

　　⑦有好奇，喜歡嘗試新事物。

　　⑧有勇氣，一個人不會語文也沒關係。

　　⑨有靈活，跟得上時代，善用各種工具尋找旅遊資訊。

　　細細看這 9 點，其實就是生活日常該具備的能力，能做到就能自由了！

\ 4-5 /
如何搭建舞台
持續創造收入？

退休後不用上班時間很多，就可以天天玩樂嗎？美國心理學家馬斯洛的「人類需求 5 層次理論」，把需求分成生理需求、安全需求、社會需求、自尊需求和自我實現需求 5 大類（依次由較低層次到較高層次），退休後不再為工作操煩，可以無後顧之憂去追求更高的夢想。

「退休後還要工作嗎？」很多人誤解退休後就是什麼事都不做。人，其實是目標型的動物，雖然我們會任性地說：「以前在職場不斷被公司、主管的目標推著走，退休不就是要天天睡到自然醒嗎？我已經卸下責任了，

不想再承擔壓力！」

　　話是說的沒錯，退休後可以不必再為五斗米承擔這些壓力，但是每天沒有目標的玩樂也是蠻無聊，日子很快就過膩了，沒有目標的日子容易生病呀！仔細的說，一定要找事做，只是不用再為了「錢」而工作，這份工作可以稱為職志、目標、夢想或是經營自己，真正做自己喜歡、重要的事。

　　　　　馬斯洛人類需求 5 層次理論

1	自我實現需求	▶	實現個人理想、抱負，發揮個人能力到最大程度，完成與自己能力相稱的一切事情。	
2	自尊需求	▶	穩定的社會地位，個人的能力和成就得到社會認可。	高層次
3	社會需求	▶	友愛的需要，伙伴、同事之間的關係、友誼和忠誠；歸屬的需要，成為群體的一員，相互關心和照顧。	
4	安全需求	▶	指人們免於恐懼以及被剝奪的需求，例如：保障財產、食物安全、住家安全、交通安全等。	低層次
5	生理需求	▶	維持自身生存的最基本要求，包括：食物、水、居住、睡眠等。	

🎒 花錢學興趣，找到人生新目標。

退休後還是要幫自己找一些人生目標，目標可以是有趣、壓力小一點、身心可以承受的。退休前我就列出興趣並花時間去學習，學習一段時間後就會變成自己的新專長了。

在職場工作這麼久，每個人一定都有自己的專長，舊專長再加上學習的新專長，即能發展出多重斜槓身分，利用專長創造兼職收入，除了可以滿足自身的成就感外，有點收入也會增加安全感，否則很多人憂心錢只出不進，不知夠不夠活到七老八十，及早布局、投資自己的能力，才能越活越有價值。

退休 12 年的粉圓妹，現在擁有許多頭銜，部落客、文字攝影工作者、電子媒體專欄作者、特約編輯、產品測試員、戶外特派員、KOL（Key Opinion Leader，關鍵意見領袖）、講師、導覽老師等等。

有趣的是，以前的 365 行現在已經不適用了，昔日沒有部落客、網紅、KOL 等職業，現在這些職業都可以大方寫在履歷裡，甚至有專門媒合工作的平台，幫自媒

體與品牌廠商媒合工作。嚴格來說退休後的出路反而更寬廣，所以要放開心胸隨著時代演進，只要用心經營，每一個身分都可以創造收入，要把自己當成品牌來經營，自己就是老闆的觀念。

　　我這些身分都是邊做邊學習慢慢發展出來的，才發現「原來我也可以把〇〇當成職業」，以下一一分享，可以利用哪些專長創造收入。

① 部落客、產品測試員、戶外特派員、KOL

　　「粉圓妹趴趴走」部落格是為了記錄退休生活而開闢的，當時就為了同事的一句話：「妳要每天發文，讓我們知道退休生活是怎樣的！」我遵照同事的期望每天記錄，為了要有東西寫，會強迫自己出門，多接觸人事物、多觀察周遭，後來因為玩樂內容太多，跟還在為工作打拼的同事們有極大反差，他們漸漸也不想看了。

　　雖然初期讀者很少，我還是繼續堅持寫下去，我想記錄自己的生活、思考、觀察、閱讀等心得，可以當成生活重心，寫作可以訓練組織能力，避免失智，對於 43

歲退休的我來說，還有 40 多年的日子要過，保持腦袋靈光非常重要，寫著、練著自然越來越順暢，甚至變成專長及斜槓能力，很多跟我合作過的編輯都稱我是「快手」，我從來不拖稿，是位好配合的部落客。

我退休後第一目標就是要「登百岳」，我為了要安全的登山，積極訓練體能、學習登山知識與技能，文章也專注在登山領域，從一開始記錄山旅行程，到後來登山知識、經驗累積多了之後，則以登山安全為主，許多登山新手需要知識性的文章引導他們，「粉圓妹」的名號才漸漸在登山領域傳開。

🎒 累積、進化，是成長必要過程。

愛因斯坦說：「任何人閱讀太多，但是實際應用太少，就會淪落為懶惰思考。」意思是說，閱讀可以獲得觀念，但必須透過寫作，才能轉化成為獨立思考的能力，寫作可以幫自己把思緒組織起來，並且有層次、順序的表達，也就產生了「起承轉合」的結構，從中發現自己的優點與不足，促使自己去找更多答案。

　　我已經練就只要開始寫，就可以一氣呵成，不像有些人寫作習慣很多，例如：抽菸找靈感、到咖啡店才寫得出來的怪癖……，哈哈！

　　我剛開始接案寫稿時，稿費真的很少，尤其自己是生手又個性龜毛，需要花很多時間找資料、閱讀，才能完成 1 篇稿，換算時薪真不如便利商店工讀生。但是要想想：「你是誰，Nobody 耶，想寫就有機會嗎？」當然不是，經過投稿、增加能見度，別人看到我的能力或獨特性後，機會才降臨！如果整天在家看電視、睡覺，別人會看到我的才能嗎？所以，做任何事一定要先懂得付出，不計較。

　　「健行筆記」網路平台剛創立時，很需要網羅登山健行相關文章，當時有找我當中部特派員，不過那時的我經驗不足，擔心做不好，並沒有立刻接受。

　　幾年後我登山知識越來越充足，才開始在健行筆記發表文章，建立自己的口碑與知名度後，廠商就會主動邀請合作──產品測試、登山路線探勘、步道景點介紹推廣等等，甚至外派到濟州島攀登韓國第一高峰漢拿山，把國外步道的探訪經驗與觀察帶回國分享給讀者，西班

牙朝聖之路也是我投稿參加甄選而得到廠商贊助裝備，於是我有了特約編輯、測試員、特派員的頭銜。

每天徒步 20 公里後，到了庇護所不能休息，還要繼續整理照片、撰寫旅記心得，對體力無疑是個挑戰，還好平常已練就體能及書寫能力，發現事情比自己想像來得簡單，當我突破了擔心，慢慢就找到步調與做事的方法。

生手變成熟手，幫自己加薪。

經過一段時間的磨練，漸漸抓到訣竅、效率變高，假設原本 1 篇稿需要 4 小時完成，現在只花一半的時間就完成，無形之中，等於幫自己加薪了呀！

舉個例子，有次徵選創意料理食譜活動，入選者可獲得 1 箱產品，朋友說：「我花那麼多時間寫 1 篇食譜，才得 1 箱商品，太不划算了。」我說：「怎麼會，食譜才幾行字，那箱商品價值 1,800 ～ 2,000 元，而且是平常會吃的食品，很值得呀！」因為朋友沒有寫文章的習慣，覺得下筆很難，但對我來說，腦子已飛過無數的點子，20 ～ 30 分鐘就可以寫好了，入選後再加上製作過

程的照片，也才花 1 ～ 2 小時獎品就到手，換算成時薪
有 800 ～ 1,000 元，這樣的額外收入要去哪裡找？

　　另外也曾協助健行筆記建立路線資料庫，蒐集全國
的步道資料及繪製 GPX 航跡，公開呈現步道資訊，有助
於推動登山安全，當初我就是為了這個偉大的目標，才
願意花時間投入幕後擔任撰寫工作，目前路線資料庫共
有 1,700 多筆，其中有 900 筆是我寫的，合作期間長達
41 個月，也幫自己創造了穩定的兼職收入，平均每月有
10,000 元稿費。

　　我不用到公司上班，交通費、往返時間、置裝費、
交際費等全部省下來，每個月工時約 50 ～ 60 小時，即
可領第二份薪水，總合是退職前薪資的 7 成——第一份
薪水是透過理財領的利息。

想寫業配文，還得有專業支撐。

　　另外還有小小的被動收入，就是部落格的廣告分潤。
當部落格文章及點閱數量到了一定的規模後，可以申請
參與 Google 的廣告計劃，我原本堅持部落格不安插廣

告，直到疫情時一切合作機會都停擺，才開始嘗試，結
果發現讀者已經很習慣廣告跳出這件事，並不會因此減
低閱讀意願，約數個月就有 100 美元收益，雖不像百萬
點閱率的 YouTuber 一樣高，但也不無小補。

KOL 的商業合作，也是有趣的學習，要怎麼報價、
怎麼呈現，裡面有好多眉角、好多學問，並不像大家想
的「就是業配文」這麼簡單，我也經過很多挫折與失敗，
慢慢地了解與成長，初期都是學個經驗、收支可打平即
滿足。

我算是很不商業化的部落客，主要是不太缺，顧及
品質及口碑更為重要，比較傾向與大品牌廠商合作，除
了能降低消費糾紛、合約風險外，對自己形象也較有加
分的效益，這樣業配才能達到雙贏局面。

② 電子媒體專欄作者、文字攝影作者

前面有提到，剛退休時寫部落格是為了同事的一句
話：「想了解退休生活都在做什麼！」雖然同事後來都
不看了，我還是繼續寫，隨著我將足跡拓展到海外長程

健行，以及「居無定所實驗計劃」過著走到哪、玩到哪、
住到哪的創新退休生活，累積了許多人生故事及話題，
機會越來越多。

　　許多電子媒體來接洽，要求文章轉載或是專訪，雖
然這部分沒有稿酬，但可以增加曝光及能見度。加上疫
情期間騎著單車旅行，我的足跡遍及台灣 8 成的行政區
域，豐富的旅遊記錄，也吸引電子媒體邀約我開闢專欄，
或是授權照片版權，專欄稿酬穩定，也是值得經營的兼
職收入。

　　此外還吸引廣播、電視節目的製作人邀約我上節目，
雖然不是每一次都有車馬費，不過難得有機會參與廣播
節目錄音、去電視台上電視節目、與知名主持人對談，
練膽量也豐富自己的閱歷，是有趣的人生體驗。

　　全部的源頭都是因為我持續不斷的寫部落格、經營
粉絲專頁。

③ 講師、導覽老師

　　粉圓妹習慣在生日時送自己一個挑戰，逼自己做一

件沒做過（或不願意做）的事，例如：2014 年在合歡西峰慶生、2015 年挑戰 5 天完登玉山群峰 9 座百岳、2019 年西班牙朝聖之路、2020 年 8 月在台中青旅辦了一場成功的講座，讀者從台北、台中、台南、高雄專程遠道來參加、2021 年「居無定所實驗計劃」受到熱烈關注，多家媒體報導、轉載文章。

回頭看看歷年送自己的生日禮物，真的就如自己所願，每年都有突破一點點，多年累積下來就會發現自己越來越勇敢、能力越來越多，讓生日充滿成長的意義。

2022 年 54 歲的生日禮物是「自辦巡迴講座」，9 月～11 月共開辦了 6 場巡迴講座，又為自己創造了另一個舞台。

逼自己面對缺點，才會更強大！

有人就問：「怎麼知道自己有上台演說的能力呢？如何累積辦活動的經驗？」的確是，很多上班族、退休族終其一生都沒有上台演說的機會，除了報名參加演說訓練課程之外，可不可以自我培養呢？這裡分享粉圓妹的自學方法。

　　其實，我在 30 歲之前無法站在台上跟大眾講話，說話時聲音會發抖到眾人都聽不懂，後來竟然是因為我去跳排舞，才練成上台的膽量。

　　當時我為了減重參加台中草悟道的排舞團，老師會請小老師站在隊伍前帶領，我加入沒多久，一開始只能看旁邊的同學跟著動作，當老師挑我站在前面當小老師時我很驚訝，很多舊同學都比我熟悉動作、跳得都比我好，怎麼會選我呢？

　　在廣場有很多民眾來往，甚至會坐下來近距離觀看我們跳舞，站在隊伍前面壓力真的很大，老師說大家都害怕而拒絕，我看起來比較有抗壓性，只好硬著頭皮站前面，天天面對觀眾，久而久之就克服了緊張。

　　在離開職場前，新主管想刁難我，10 天前才交付我擔任 10 堂課的教授講師，我也勇敢承擔接受挑戰，當時有同事建議我去跟主管談，要漸進式的交付任務，但我說：「不用，如果她身為主管仍不知道要如何培育下屬，那她就是不適任的主管，她在測試我的同時，我也在測試她。」

　　後來我班上的學員考試都高分，反而資深講師的學

員全數不及格。我離開職場後，立刻能面對 100 人的群眾演講也無懼，因為我已經突破自我、戰勝了自己的恐懼，我不用別人給我舞台，自己的舞台靠自己搭建！

機會不來，就自己創造！

在擔任秘書時期，每年總是要幫主管辦 2 場大型會議，雖然我是掛名協辦，但整場主軸幾乎都是我在控制，包括找場地、典禮流程、司儀及主持人腳本、簡報製作、影片剪輯……，甚至連長官座位名牌都有講究。有次輪到某經理主辦，我對台中各大五星級飯店場地如數家珍，他驚訝地說：「妳怎麼都知道？」我笑說 1 年聽 10 多場理財講座，這些五星級飯店的場地我都跑遍了。

我去參加講座，不僅是吸取專家的見解，還會觀察別人如何舉辦活動，簽到、會後回收問券、送小禮物都是有技巧的。下班後時間花在哪，成就即在哪！下班後的人生才是自己的，要懂得「投資」自己。

以前做這麼多非秘書職責的工作，儘管沒被看重或被感謝，光環會被搶走，經驗就是自己的，誰也搶不走，

也許有天站上舞台的就是自己！

　　一個永遠站在主管身後的小秘書，如何「大膽作夢、勇敢追夢，靠自己 43 歲退休，人生開始精彩！」就是我 2022 年巡迴講座主題發想的由來，我終於成功把自己推向舞台，讓自己成為主角。

④ 作家

　　通常是先出書之後，才會有講座邀約，而我剛好相反，因為我已經有人氣可以自辦巡迴講座了，反過頭來帶動出書邀約的機緣。

　　記得我第一次投稿，就獲得佳作，不但有 5,000 元獎金，還因故事精彩而受訪，分 2 篇文章刊登於雜誌上。另一次雜誌受訪是同事投稿推薦我的故事，受訪完後，編輯說市面上沒有我這種粉領族提早退休的案例，認為很有賣點，建議我寫書，他願意幫我介紹出版社。不過，那時我覺得自己還沒有足夠退休生活的實務經驗，我希望多一點時間來印證自己的想法。

　　大家都說「出書好呀，變名人、留下作品」，不過，

不是每位作者能都像哈利波特的 J.K. 羅琳一樣暢銷爆紅，當時我不願意出書，原因有：①我剛退休，還沒辦法印證退休規劃是否可行，自覺得說服力不夠強；②版稅並沒有想像多呀！以現在書籍市場來說，沒名氣的作家，能把首刷 2,000 本賣完已是非常好的成績，花了 6 個月時間寫稿、編修，其實只賺到 5 萬～ 6 萬元版稅而已；③必須犧牲自由及個人隱私。

雖然我從 20 多歲就覺得自己有生之年一定要出一本自傳，不過機會來臨時，為何我沒有把握呢？當時，我問自己「出書的目的是什麼？」如果只是為了證明自己有能力，給那些不相信我的人看，大可不必了，我希望這本書是在我準備好的時候誕生，我不為了名利而做，而是為了自我價值的存在。

如今退休 12 年（2011/7/1 ～ 2023/6/30），累積足夠的經驗與人生故事，出版社也覺得我的事故仍有市場，我才點頭願意出書。雖然大眾閱讀習慣已改變，出版業不再像以前一樣蓬勃發展，微薄版稅只能當成被動收入之一，重要的是被邀約即是肯定，要感謝出版社對粉圓妹的肯定與認同。

退休，是一張「資格」入場券！

　　總結以上各種收入來源，包括：部落客、KOL 的商業合作酬勞、特約編輯稿費、產品測試員、戶外特派員、專欄作者、文字攝影作者、講師、導覽老師、作家、受訪車馬費，這些身分可以同時發展，也可以循序漸進，只要 1 項身分成功了，就會帶動其他身分成功。

　　有人擅長書寫但無法上台演說，就無法成為講師，有人說話很溜、臨場反應極佳，很會叫賣，就適合當直播主銷售商品，針對自己的個性及強項去發展，把自己培養成「多工」模式，就能打造各種收入管道。

　　學員問我：「有沒有陷入困境的經驗？」我還真想不起來，我的人生並非一帆風順，但是遇到轉折我都能把危機變成轉機，不是運氣好，而是我懂得計劃及精算，並且有勇氣奮力一搏，態度絕對比學歷、經歷更重要，要相信自己有無限潛能，勇於嘗試、跳脫框架，沒有克服不了的難題。

　　舉一個例子，我剛退休時一位菁英業務同事問起勞保退休金，她說不知道自己可領多少，我立刻說出了公

式算給她看，她很驚訝我這個低階職員竟然對條文如此熟悉，於是邀請我去營業單位授課演講，開了幾堂課，另一位同事竟然酸溜溜地說：「她像是在家等通告的藝人」，我聽了轉身就走，從此再也不踏進他們公司。

10 年後，前同事再來邀請我演講，我 1 秒拒絕！我很確信自己是主角，而不是跑龍套的，我用 10 年的堅持、能力，打造出自己的品牌，報了這一箭之仇。遇到看輕你的人，你有沒有能力「永不回頭」？這就是我說的──退休，是一種資格！我有資格選擇人生、朋友、機會、工作，我從來不需要去經營人脈、抱人大腿求給機會，有能力的人，自然會吸引機會前來。

以上每一種退休後的身分頭銜，都為我創造收入、成就、經驗、樂趣和目標，退休生活只會越來越有趣，哪裡會有無聊沒事做、財務恐慌等問題！記得，機會是給準備好的人，努力充實自己的實力，找出自己的優點、善用自己的缺點，活出差異化的人生，千萬不要做個盲目的跟屁蟲！

提早退休絕對不是好吃懶做，而是在實踐「Work Smart, Don't Work Hard.」的精神。

\ 4-6 /
1,000天青旅生活實驗
每月住宿多省3千元

我在 2020 年 2 月中旬退掉固定住所後，開始了走到哪、玩到哪、住到哪的「居無定所實驗計劃」，不被固定居所限制住，以住青年旅店為家，遊走世界各地旅行，不用再負擔固定住所的租金，把生活費與旅費完美結合，3 年下來的實驗結果，每個月住宿費用可節省約 3,400 元；包含食衣住行、育樂、健保等生活費用，平均每月約 13,000 元，歷時 1,049 天（2020/2/17 ～ 2022/12/31），總計花費 46 萬元，騎行超過 1 萬公里。

因媒體報導有「最美麗主持人」之稱的白嘉莉小姐

在台灣飯店定居，不買房以飯店為家，跟粉圓妹現在的生活方式非常相近，有人誤以為我學白嘉莉。其實，我是 2019 年去了西班牙朝聖之路後，體悟到可以只靠 1 個背包移動式生活，跟白嘉莉「定居」在同一間飯店，實質上有極大的差距。

畢竟，不同年齡、背景、心態、身價，處在不同人生階段，會對人生有不同體悟與做法，要不要置產當養老居所，完全因人而異，不見得適合每一個人，只要找到適合自己的生活方式，並且怡然自得，就是最完美的退休人生。

移動式生活，你也來試看看！

我在台北有家，是父母留下來的房子，但我不想住所以讓給兄姊，一是我 19 歲就離家靠自己，沒有走回頭路的理由，再者我不愛住在雙北，擁擠、緊張、天氣差，我 20 多歲時腳痛要靠吃止痛藥才能走路，生活得很不開心，搬到台中才漸漸好了，但一回台北又會再犯，至今原因仍不明，只能說住台北讓我水土不服。

　　當然雙北也是有好處的，一級大城市交通方便，社會福利、醫療資源比較完善，但相對居住成本很高，我還年輕、活動力旺盛，若不為工作、不為醫療，到二級或衛星城市，擁有較多的戶外自然環境、開闊的空間、較低居住成本等條件，比較能滿足我對生活環境的要求。

　　有網友建議我可以跟白嘉莉的居住模式列個比較表，感覺會很有趣，其實私底下我曾跟青旅管家討論過這個話題，雖然我住的不是五星級飯店，而是能省錢的青年旅店，不過大明星有的待遇，我都沒少過呢！

　　大家會好奇嗎？在此就來說個分明！根據媒體報導內容，我約略勾勒出白嘉莉的居住環境、生活型態。

◈ 居住環境

　　白嘉莉數十年的演藝工作以及上億身價，經常與政商名流交誼，必須隨時保持尊貴的形象，所以五星級飯店是她會選擇的居住環境，尤其她經常會有粉絲追隨，飯店櫃台可以代為過濾、留言、代收、交辦事務，跟住豪宅有相同功能，甚至等於有了私人秘書。

　　粉圓妹是素人、自媒體、旅遊專欄作者、旅行生活

五星級飯店 vs 青旅 住居生活比一比

比較項目		白嘉莉	粉圓妹
住宿服務	接待大廳	免費	免費
	泳池、健身房	免費	無
	廚房	無	有
	房務清潔	專人服務	專人服務
	住房修繕	專人服務	專人服務
	代收信件包裹	專人服務	專人服務
	櫃枱接待	專人服務	專人服務
	聊天交誼	友人	工作人員、旅人
便利性	用餐	外食（飯店餐廳、客房服務）	在青旅自煮
	交通	代叫計程車	自備單車
	洗衣	飯店送洗	自己手洗
曾與旅宿業者合作內容		曾在飯店辦畫展	曾在青旅開辦講座及登山活動
未來動向		考慮繼續在台灣定居	疫情後「居無定所實驗計劃」將延伸至海外，等玩累了再回台灣住養生村

家，對居住環境有極高的適應力，也練就自己輕量化、簡單裝備的生活型態，在青年旅館與陌生人同房睡上下舖，很能適應。

　　雖然也有許多讀者會特意或巧遇粉圓妹，不過，粉圓妹不是明星，就是平凡人、做平凡事，洗澡、吃飯、上廁所……，都不用特意營造或掩飾！所以看到粉圓妹穿居家服在青年旅店廚房煮餐、在洗澡間巧遇蓬頭垢面的粉圓妹，也不用覺得太奇怪（哈哈！）

　　不論是飯店或旅店，最迷人之處就是不用自己打掃、倒垃圾、修繕、添購或汰換家具家電，光是這些就令人感覺生活太美好，把勞動時間拿去運動，把汰換設備的費用拿去吃喝玩樂，這不是太棒了嗎！？

　　另外，住青年旅店的好處是有很多旅人可以交換心得、增加視野，尤其疫情 3 級警戒時我關在青旅，有年輕管家陪伴聊天、逗我笑，一起運動、煮餐、拍影片、慶生，生活很充實，比自己租房獨居有趣多了！

生活型態

　　退休，不為錢工作，但我們仍會為興趣工作。

　　以像白嘉莉的知名度，比較不方便一個人在戶外趴趴走，閒暇時間她比較常從事作畫、閱讀等靜態活動，使用飯店泳池、三溫暖、健身房等免費設施，可讓她運

動不用踏出門，飯店的餐廳、客房服務，可以滿足她不用到外面排隊等候用餐的麻煩。

住飯店的隱私相對比住家好，白嘉莉如果自己買豪宅，可能還需要增加一些人力，例如清潔人員、司機、保全、管家等，一定也不希望讓媒體或不熟的朋友知道她住哪兒，住飯店比較方便約人商談事宜，不怕告知地址。

相對來說，粉圓妹少了盛名所累，沒有那麼多限制，但除非極親好友，我也不喜歡讓別人知道住家地址，旅店是公眾場合，可以大方約讀者初次見面，廠商寄商品信件包裹時，隨時有人代收。

我最愛到戶外趴趴走，只要有一輛單車，就沒有我到不了的地方，就跟到健身房騎飛輪一樣，但是我運動不用另外花大錢，還可以享受好山好水的美景，隨時可坐下來野餐。

我對旅店設備的要求，一是要有寬廣的交誼廳方便寫稿，二是設備齊全的廚房，只要有電磁爐、電鍋、餐具就很足夠，自己煮餐是我的樂趣，不完全是為了省錢，所以不會覺得麻煩，有時在旅店煮食跟大家分享，也是件有趣的事。

住宿費用

　　報導中提及，有人幫白嘉莉估算住飯店 1 年費用為台幣 220 萬元，她曾說住的是 40 坪左右行政套房，我查一下該飯店此房型 1 晚約 6,000 元，這也就是報導上寫 1 年 220 萬元的由來。

　　但其實包月長住是有優惠的，少說也可以打個 6 折、7 折，而且飯店還會幫貴客升等，所以對她來說的確是很方便，也很划算，她當時是因為疫情而留在台灣，想必也沒決定要在台灣定居多久，儘管她有上億資產，也不須要冒然買房。

　　粉圓妹住宿 1 年只花費 7.5 萬元，真的，沒打錯哦！因為我總是碰到不錯的旅宿業者，他們會主動給我折扣，還為我添購廚房小電器，因為很優惠相處又愉快，一不小心就在花蓮住了 15 個月，有時也會升等，像 3 級警戒時，我住在花蓮青旅，因為不接待新住客，就讓我入住單人房 2 個月。在台中漂鳥青旅，因為房間有點問題，店長也是直接幫我升等單人房 1 ～ 2 週。

　　不像租房，房東永遠就是想漲房租，設備壞了還要三催四請才來修繕，而且還會被高傲的房東當成買不起

房的下等人。

如果住不起五星級飯店，也沒辦法像粉圓妹住背包床位，還有商務旅店、民宿可以選擇，有些二級城市的商旅 1 天 1,000 元以下，跟業者洽談包月絕對可以比養生村費用還低廉，如果沒有體力頻繁移動，可以 1 個城市住 1 季、半年再換，例如冬季北部潮濕寒冷，就到南部城市居住，夏季南部太炎熱，就往山區移動，永遠可以在最好的季節氣候入住，多棒呀！

洽談旅店包月有技巧，當個受歡迎的旅人。

很多讀者對於我包月住青旅很感興趣，也有讀者質疑因為我是靠名聲才有優惠，感謝讀者的抬舉，粉圓妹根本稱不上有名氣，我從來不殺價、也不靠談合作來得到優惠，而且我挑選的店家本身評價都很高，不需要靠別人去拉抬。我唯一做的就是「維持自己的人品評價」，做個受人喜歡的旅人，沒有旅店不愛！

多數人都沒有經驗，只憑著自己有限的認知在猜想，這跟粉圓妹還沒執行「居無定所實驗計劃」前一樣，執

行之後，發現實際與想像有一些出入，並非一般人想像的昂貴、危險、品質差、沒人情味！這 1,000 多天住過許多青旅，看過許多旅人的樣態，除了自己認真觀察外，也會跟業者、店長、管家交換意見，對經營者的思維有更多了解。

　　在此分享跟旅店洽談包月的經驗，提供大家參考，如何做個受歡迎的旅人。

◈ 挑選有長住方案的店家

　　第一次談包月就意外的順利，我是去青旅聽演講時，覺得設備與風格都非常喜愛，剛好看到海報貼著「長租有優惠」，於是向工作人員詢問，很幸運她就是店長，她問了我長住的原因，我說有環島旅行的計劃，她當場就報價，價格與我租房的費用相當，非常符合我的期待，當時還不確定會入住的時間，於是跟店長約定未來都可以享受相同的優惠價格，得到她的同意。

　　第二次談包月，是在單車環島期間，住得舒服也跟管家相處愉快，這間青旅剛好有長住客，即表示他們很歡迎長住客，離開前詢問了一下包月價格，跟管家互留

Line 帳號，等到我要去長住時才傳訊息詢問，管家的報價在我預算範圍，就馬上入住。

並不是每間青旅都有長住方案，長住客有優點、也有缺點，業者要考量人力、管理、成本、經驗等因素，挑選本身就有長住客方案的店家，可以節省過多的溝通。

做個有品性、評價高的旅人

雖說旅店開門做生意，基本上不會拒絕客人上門，但長住客會影響旅店的環境、品質、口碑、床位調配，因此還是會挑選住客的。

．**正當理由**：青旅存在的初衷是供旅人歇腳的場所，所以「像個旅人」是很重要的因素，像第一間青旅，我事後詢問店長對我的第一印象，她說我有提出具體的旅行計劃，且充滿著旅人的氣質，符合最基本的要件。

．**外表乾淨、行為舉止得宜**：現在青旅住客已經多元化了，不再只是旅行背包客，也有很多商務需求的住客，像是短期工作、行動工作、遠距工作、找房子，青旅的公共空間辦公很方便，但要注意公眾場合不要大聲講電話，讓別人被迫聽到你的隱私。

　　青旅很有「家」的氛圍，常有舒服柔軟的沙發，讓人想癱在沙發上而忘了身在公共場所，雖然青旅希望你把它當成家，但仍要保有分際，可以很放鬆、但不能隨便，店家雖然不會制止住客的行為，但心中自有評價，下次再來就會找理由拒絕你！

　　‧當個年輕人：台灣進入老齡化社會，消費族群移轉，很多熟齡者也勇於出門旅行，青旅住客不再限於年輕人，想融入年輕人群體，也要把自己變成年輕人。

　　首先是「體態」，青旅多為上下舖床位，舊公寓改建沒有電梯，對於活動不敏捷的熟齡族，會有較多的不便，入住前要先確定自己是否能接受與適應。

　　再來是「態度」，有些年長者說話比較不注意他人的觀感，嗓門大、命令式的口吻，都會讓人不舒服，業者不會拒絕短住客，但會擔心長住客影響旅店整體氛圍，所以熟齡者要提醒自己，保持優雅的儀態、禮貌的談吐，不要把家裡的權威感帶出門哦！

　　‧維持環境品質：青旅多是自助式，必須遵守入住規定，用品設備使用後要歸位、離桌後桌面擦拭乾淨、杯盤自己清洗，留給下一位使用者同樣品質的空間；房

間內是睡覺的地方，開關門、走路時宜動作輕盈，手機關靜音，有他人在休息時勿聊天，不造成別人的反感，就不會造成業者的困擾。

我離開第一間包月青旅時，跟工作人員道別時我笑說：「我會再回來，請要收留我哦！」工作人員說我是他見過最好的住客，廚房使用完畢，像沒用過一樣的乾淨，省了他們很多善後工作，這樣的客人當然會歡迎呀！

‧不要亂殺價：業者很討厭顧客一開口就殺價，或是套關係，在他還沒認識你時，一定是開出營運所需的價格，相處過覺得是好客值得留住，才可能提供優惠。

很多人習慣殺價，有時顧客會像去市場買菜一樣說：「我訂 2 間房有沒有比較便宜？」、「多住 1 晚有沒有便宜？」有時真的會有意外好康，但若業者說沒有就不要亂拗，尤其是當房價已經比行情便宜時千萬別不識相，他們會覺得很反感！

‧值得信賴：即便是疫情期間，業者並沒有缺客到毫不篩選的狀況，在還沒相處的情況下，用低價吸引住客，後續造成麻煩可能花費更大的處理成本。我知道業者的考量，並自己也很挑環境（硬體），相處是否讓人

感受舒服（軟體）更為重要。

　　第二間包月青旅，我在環島時先住過 1 週，店家對我的言行舉止、生活習慣都有了基本認識，再提出長住需求就容易得到首肯。

　　入住 2 個月後，老闆說希望我早上幫他們開門、開燈、開音樂，就提供我住房優惠，因為工作人員都晚下班亦晚睡，給他們 1 萬元都不願意早起，給我一點折扣又能達到目的，可說是雙贏的交易！老闆很慎重的跟我洽談，避免讓我感受不舒服，我不喜歡占別人便宜，要給我好處也要有正當理由，平白得到好處並不是我的風格！

　　我把旅店當家一般的愛護，而不是把旅店當家一般的隨便，品行即決定自己的價值。其實業者閱人無數，眼睛像裝了雷達一眼即能看出端睨；當然，也會看到一些業者不懂得篩選住客，或是沒有管理方法，長久下來會造成低評價，生意不好再降價以求，又會吸引一些品質不佳的住客，造成惡性循環，有經驗的旅人都能嗅出這樣的旅店而避開。

　　粉圓妹初期沒經驗也踩過雷，遇到最多的是照片與實際不符，所以後來除了看照片外，也會仔細看每位旅

人的評價，雖然很花時間，但可以減少踩雷機率。

 ## 100種退休生活型態，沒有上億身價也樂活！

以上純屬客觀的比較，並無冒犯之意。白嘉莉是閃耀的明星，有種距離的美感，她的生活模式讓一般人能想、卻不敢照做。

粉圓妹我是一介平民百姓，與之相提並論，不是為了沾光，而是藉此讓大家了解以飯店或旅店為家的生活有何不同，以此激發不同退休生活型態的思考，雖然我們沒有上億身價，也可以在世界各地住旅店過退休生活！

這也是粉圓妹「居無定所實驗計劃」的初衷，新奇的想法透過實踐來證明可行性，雖然我不是發明「旅居」的第一人，不過能詳細並持續公布花費開銷的人卻是很少，希望藉由我的記錄讓大家有所依循。

疫情趨緩各國打開邊境，2023年終於可以把「居無定所實驗計劃」延伸至海外，有了國內3年的實驗，更能面對海外生活的挑戰。你不敢做的事，粉圓妹實驗給大家看，不用家財萬貫也可以提早退休、游牧世界！

\ 4-7 /
金融危機反覆發生
不怕退休金縮水？

$\quad$有讀者詢問：「談退休理所當然準備越充分，越能抵擋突發事件，但是難免會有失敗例子在摧毀我們的意志，例如低估花費、突發重大意外、金融海嘯……，年輕時還可以用一句『大不了去賣雞排』強化自身的信念，退休後就不適用，粉圓妹在籌備退休過程，是否有想過『退路』這件事？」

從「粉圓妹人生軌跡」圖卡中的虛線可以看出，我的人生經過許多起伏，甚至跌入谷底，跟股價走勢圖一樣「有漲有跌」。

　　以前我工作負責業務單位的業績統計，業務來來去去有如過江之鯽，有些業務屬於慢熟型，拼了很多年才嶄露頭角；有些業務屬於一炮衝天型，一進公司就變成冠軍業務，你說主管喜歡哪一種業務呢？業績導向的單位當然喜歡一炮衝天型的業務，但這種業務通常紅得快、也跌得快，重視基本功、把工作當成事業的主管，要避

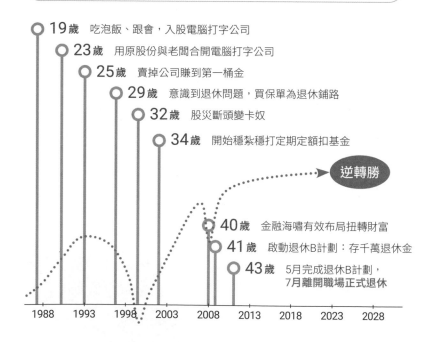

粉圓妹人生軌跡

19歲 吃泡飯、跟會，入股電腦打字公司

23歲 用原股份與老闆合開電腦打字公司

25歲 賣掉公司賺到第一桶金

29歲 意識到退休問題，買保單為退休鋪路

32歲 股災斷頭變卡奴

34歲 開始穩紮穩打定期定額扣基金

逆轉勝

40歲 金融海嘯有效布局扭轉財富

41歲 啟動退休B計劃：存千萬退休金

43歲 5月完成退休B計劃，7月離開職場正式退休

1988　1993　1998　2003　2008　2013　2018　2023　2028

免這種衝太快的業務，因為長久的事業不能只靠運氣。

　　這很像人生，沒有人可以一輩子一帆風順，回頭看谷底的失敗，我不覺得是磨難，反而是讓我成長茁壯的養分，套句老話——失敗為成功之母，因為失敗才懂得檢討、改進，有了跌倒的經驗，再出發才會更加小心路上會絆倒的小石子，懂得世上沒有一夜致富的神話，還沒學會正確理財心態之前，一下子擁有龐大的財富並不是福氣，不懂得理財也難以長期擁有。

　　本篇分成退休金儲備期、退休金消耗期 2 階段，來談粉圓妹遇到困境時，是如何突破的，供大家參考。

① 退休金儲備期：在失敗中學到應變之道

32歲斷頭啟示：
知錯能改，記帳改變一生。

　　2000 年股災來臨之前，身邊的人都在買股票，而且還有書籍教導大家「隨時買、隨便買、不要賣」，那時在理財知識不足、過於躁進下，最終被融資斷頭，負債

近百萬，花了 3 年才擺脫負債。

　　當時身邊沒有人知道我負債，為了維持良好的信用，我必須將有限的薪水做精細的分配，掌握每一分錢的流向，於是我開始記帳，學會控制預算，懂得檢討、懂得取捨，所以記帳是幫我擺脫負債、累積財富的大功臣，至今已累積了 20 多本記帳簿。

　　很多人看不起記帳或說記帳無用，我認為記帳是理財的基礎工程，它可以幫我擠出錢來，把薪水投入更有效率的理財工具裡，如此才能把錢變大，發揮「金錢」存在的價值，記帳就像是蹲馬步，讓我的基礎功扎根深又穩，之後才經得起風浪。

34歲穩紮穩打：把還債紀律，用在理財上。

　　我頓悟到財富要靠「慢慢累積、聚沙成塔」，千萬不要妄想一夜致富，2002 年開始有餘錢後，就靠定期定額投資基金，強迫自己存下錢來，選好標的、定好策略後不用費心看盤，只要有紀律持續做，即可看到成果，

很適合需要專注本業的上班族。

很多人還完債務解脫後，又重回原本的消費或理財習慣，枉費了這份「昂貴的學費」，我們一定要從失敗中學到些什麼。

我領悟到，倘若不還債，會被討債公司斷手斷腳，那不存錢呢？於是告訴自己「要用還債的紀律來理財」，還債時我可以用力擠出錢來，存錢當然要更用力擠出錢來，因為那些錢「存下來都是我的，不是還給別人的」，存錢是付錢給未來的自己，這有什麼好困難或糾結的呢？

我從 2001 年的負儲蓄到 2006 年儲蓄率高達 48%，2007 年去了 2 次歐洲依然能達到 40% 儲蓄率，我把逐年增加儲蓄率變成自我挑戰的樂趣及目標。因為跌了一跤才學會務實理財，重新又爬起來，回頭看要感謝這一跤造就現在的我。

40歲老僧入定：
遇金融海嘯，恐懼浪潮中不滅頂。

理財失敗的原因大略有以下幾項：太過自信、沒有

想法、沒有紀律、自作聰明、過於貪心、過度保守，理財必須要有策略，不能只是傻傻的存、傻傻的買，當遇到金融海嘯時，才不會被恐懼淹沒。

理財過程中，也是對自己個性、風險承受度的探索，再把理財知識與個性結合，打造出一套專屬自己的理財策略，才能幫自己的資產穩定增加，面對股市波動時，就不會恐慌到吃不下、睡不著。我訂出 6 項資產增長策略：

①龜兔賽跑：簡單方法持續做，投資從儲蓄開始，儲蓄從記帳做起。

②養魚理論：每月薪水固定投入定期定額，有如魚缸定期注入活水，讓魚得到新養分。

③雙財庫：善用資產配置，同時建立「積極投資＋保證領回」部位，有如大水庫與小水桶一般，達到長線保護短線的效果。

④一半理論：漲時，還好留一半；跌時，還好賣一半。投資首重紀律，但是一般人常會在該停利時，自做聰明捨不得停利，最後變成紙上富貴。一半理論是為了克服人性，不管停利後是漲或跌，都還留有一半，不會感到扼腕。

⑤獵槍與子彈：有獵槍沒子彈，永遠打不到獵物。股市下跌時，多數人知道要加碼，卻可能沒有資金，停利的目的就是保留實力，停利贖回的資金，就是未來低檔加碼的子彈。

⑥基金養基金：時間比時機重要，停利後再分期注入養新基金。基金定期定額 2 ～ 3 年後，若達到停利目標，就要紀律執行，贖回的資金分成 36 等分，再申購 1 檔新基金，原本的基金繼續扣款，如此幾年之後，基金支數就會越養越多。

2008 年金融海嘯來得非常快，股市跌得讓人措手不及，我有檔基金報酬率從 100% 以上跌到剩 60%，那時我意識到，股市並不會無限上漲，一定要做到停利，把獲利好好鎖住，也才能成為日後加碼的子彈。

於是我重新盤點資金，擬訂加碼策略。一般人資金有限，很難做到摸底，根據股市循環平均約 3 年時間，我訂了 3 年的加碼策略，按月增加扣款金額，為原先扣款的 3 倍，結果只花 1.5 年資產就回到原先高點。

我當時用了自己訂的大水庫與小水桶理論，基金池是我的大水庫，由於成分積極容易大起大落，所以會適

時停利，將獲利轉到養老險——這是我的小水桶，我存了好幾個小水桶，穩穩鎖住獲利，如此才能保全資產。

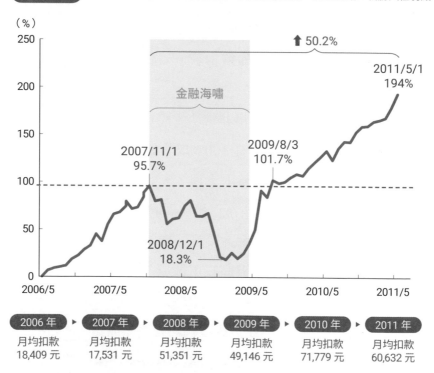

2008 ～ 2011 年金融海嘯資產成長計劃

用對策略 低檔加碼＋停利＋基金養基金＋長線保護短線＋控制情緒＋戰勝人性弱點

（%）

- ↑ 50.2%
- 2011/5/1 194%
- 2007/11/1 95.7%
- 2009/8/3 101.7%
- 金融海嘯
- 2008/12/1 18.3%

2006 年	2007 年	2008 年	2009 年	2010 年	2011 年
月均扣款 18,409 元	月均扣款 17,531 元	月均扣款 51,351 元	月均扣款 49,146 元	月均扣款 71,779 元	月均扣款 60,632 元

43歲退休契機：
展開新人生，開創新領域。

記者問：「43 歲退休是妳預期的嗎？為何不多工作幾年，可以讓退休金準備得更充裕？」我說：「人生總是多變，很多事不會照著你的劇本走，所以我總是有很多套劇本，來因應世態變化。」

原本我的完美退休計劃是 50 歲，金融海嘯之後，歐系公司賣給了台商，空降許多爛主管以及政策及文化的改變，41 歲時我心頭早有不祥預感，故立刻擬訂了另一套劇本，因此我的退休計劃有 A、B 兩種版本：

A 版本：50 歲退休，60 歲起年領 60 萬元。

B 版本：43 歲退休，60 歲起年領 50 萬元，就是現行版本。

果不其然，在我 43 歲時公司不顧我身體健康因素，執意要調我去台北上班，於是我技巧性順應無能主管、無情公司的決定，拿錢走人後大聲宣布：「我退休了！」狠甩他們耳光。

退休金儲備計劃期長達數十年，中途會有意外發生

一點也不奇怪，我在做計劃時會不斷再想想：「如果發生了某件事，我可以怎麼辦？」因此口袋內會有其他的應變方案。

我不稱這為「後路」，而稱之為「任意門」，這些應變方案平時看不出來它的存在，但當你危急時，又能打開門躲過危機，例如：資金的變現性、靈活的投資策略等，這些應變方案是備而不用，但一定要事先做好準備，才能做到處變不驚！

② 退休金消耗期：盡量降低財務意外風險

當進入退休期後，大家最怕的就是退休金不夠花，造成的原因有通膨、金融風暴、健康、長壽等因素。

退休金不夠用，務實認清消費習慣！

退休後金錢只出不進，的確是讓大家會恐慌的原因之一，造成原因可能是通膨、過度樂觀而低估花費、準備不足、莫名奇妙就花光了……

🏷 節流：編列預算、有計劃消費

　　以上這些我都不擔心，因為我記帳 23 年，很清楚知道自己的消費金額與習慣，知道「需要」與「想要」的分別，已成為我的人生價值觀，養成編列預算的習慣。

　　有計劃的花費，可以避免過度消費。

　　關於通膨，從我 19 年記帳統計得出，伙食費平均每月 3,327 元，難道這 19 年沒有發生通膨嗎？參加吳淡如中廣流行網「幸福好時光」廣播節目，開播前她問我：「只有 1 千萬就退休，萬一碰到惡性通膨怎麼辦？」我說：「我記帳 20 多年，在我的帳冊裡看不到通膨，妳知道為什麼嗎？因為我懂得調整自己。」

🏷 開源：把興趣變成賺錢能力

　　除了節流，退休後仍然是可以開源的，以我自己為例，原本寫部落格只是為了記錄退休生活，另一方面讓自己生活有重心，寫著寫著自己也會精進，不僅練文筆、也練習拍照技術，更能懂得網路行銷。

　　接著因為登山累積了一些經驗與知識，電子媒體就來找我合作寫稿、測試裝備，有 41 個月平均每個月都有

10,000 元的稿費收入，等於貼補我的旅行經費，有時酬勞是裝備，登山裝備都很貴，賺裝備也等同於省了花錢購買，何樂不為呢？

做好風險管理，不怕意外來敲門。

曾有網友語帶諷刺說：「10 年生活支出 300 萬元，恭喜妳，這 10 年沒有意外發生。」我不懂他指的「意外」是指什麼？

✍ 財務意外

手機、電腦、相機、電器壞了，或是突然需要搬家、添購大型物品，對我來說都是意外，在編列預算時，我把這些項目都列在「其他」科目裡，會提撥固定比例金額，來因應這些意外支出的發生。

我特別去查了帳本，看看 10 年來發生多少「意外」！我換了 2 台相機、4 支手機、2 台電腦、搬家 3 次，哇！沒特別回顧，還真沒想到意外發生的頻率這麼高，並不像網友質疑的平順呀！

　　我想，大家以為我是天之驕子，人生一切都很平順，其實該壞的東西還是會壞，尤其我很粗心，手機常摔或掉到馬桶裡，像我現在的手機就有 3 道裂痕，除非到不能用才會花錢買新的，絕不會為了喜新厭舊而汰換，而且我不會買最新款，功能夠用就好，3C 產品只要一出新款，舊款立刻會跌價，再加上貨比三家，就能選到便宜又超值的物品。

　　我 10 年手機換 4 支共花費 18,525 元，才半支 iPhone 的價格，別說 iPhone 比較耐用，我倒是很少看人拿 iPhone 用了 10 年，很多人出新機就想換了吧！？

✎ 人身意外

　　若網友所指的意外是指人身傷病的話，這 10 年間我骨折過 3 次還住院開刀，但有保險可以支應，完全沒花到自己的錢，我的醫療險額度足夠住單人房，之前骨折時，我就曾住過 1 天 8,800 元的單人病房。

　　有道是：「你無法預知明天先到，還是意外先到」，最好的方法，就是要懂得「風險管理」，不管是物品的使用年限，或是人身的生、老、病、死、殘，只要事先

做好規劃，就不怕意外花費拖垮自己財務。

規劃退休時，眼光一定要放長遠，考慮要周詳，重要的、不可承受的花費一定要先列入，行有餘力再安排享樂的項目，這樣就可以經得起「意外」發生了。

市場波動是常態，擬定策略平常心面對。

2022 年底股市暴跌，讓很多人恐慌指數飆高，憂心打亂了退休計劃，這一點我不意外，這幾年 FIRE、存股、ETF 等名詞暴紅，開戶人數暴增，理財、退休相關話題點閱率超高，我也是這波浪潮的受益者，文章受到媒體轉載、報導，我從來沒想要變成知名人物，不小心就搭上了列車。

但是，我從來不把退休時間浪費在看盤上，偶爾看看文章及新聞報導，了解現在全世界動態即可，我只願意把時間用在追逐美景。大家一定會問：「粉圓妹如何做到不恐慌？」

股市漲跌是正常現象，就像是地心引力一樣自然的存在，退休金累積期加上花用期，長達數十年，中間會

經歷無數次的景氣循環、市場變化、戰爭危機、疫情四起……，無論是人為或是系統性危機都無可避免，「漲多必然會跌、跌多自然會漲」這是唯一不變的法則。

　　要挑對適合自己風險值的理財工具，透過資產配置降低波動風險，更要懂得情緒管理，把理財知識實踐在理財行為上。不過，這真的是「違反人性」很難做得到，所以「成功者寡、失敗者眾」呀！但這是理財必修課程，如果不學好，就會一直在追高殺低的輪迴中打轉，財富是越理越少。

　　好基金、好股票也有人賠錢，原因在於「理財行為」，幾次在演講時詢問大家：「有誰在金融海嘯加碼？」舉手的永遠不超過四分之一人數，其實我還不敢再繼續問：加碼多少？怎麼加？比例多少？加碼若沒有策略，可能導致越攤越平的危險。

　　造成反向理財行為主要是因為沒信心、沒策略、沒紀律，要避免在退休期產生財務恐慌，必須先擬好股市大跌的因應策略，用不同情境去試算，直到自己有信心為止，然後有紀律的按計劃執行，多數人失敗因素都在於「紀律執行」，該加碼時反而恐慌殺出、在股市熱絡

時大膽衝進,「克服自己的心魔」絕對是理財最重要的一堂課。

 為成功找方法,而不是遇困難消滅夢想。

無論是在退休金累積期或是消耗期,謹記得以下幾個重點:

☑ 選擇適合自己風險值的理財工具。
☑ 做好資產配置。
☑ 準備緊急預備金。
☑ 情緒管理。
☑ 隨時要有投資策略、應變策略。
☑ 堅守紀律執行。
☑ 預留犯錯空間。

外在環境是多變的,人生的腳步勢必要配合調整,我告訴自己一定要有多套劇本,以應變外來的衝擊及變

數，而不是遇到困難就削減夢想。

　　粉圓妹從來不走退路，而是為成功找方法，遇到問題時盤點自己的 SWOT（優勢、弱點、機會、威脅），不但要發揮自我特質，更要善用自己的缺點，妥協只會讓我們離夢想越來越遠，此路不通走別條路，沒有人可以阻擋你，除了你自己！

　　唯有「堅持」才能讓自己與眾不同，勇敢地往前突破，讓人生成功逆轉勝！

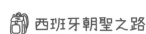 西班牙朝聖之路

　　2019 年 6 月因為甄選上健行筆記西班牙朝聖之路特派員，促使不會外文的我鼓起勇氣獨自踏上旅程共 56 天，這個命運的推手，讓我勇於突破自我、接受挑戰，當做送給自己的 51 歲生日禮物。

　　我安排法國之路全程 800 公里，從法國邊界翻越庇里牛斯山，沿著西班牙北部一路走到目的地——聖地牙哥孔波斯特拉。

5

\ 領悟篇 /

換你動手做
開始退休規劃

\ 5-1 /
40多歲退休
怎麼不繼續工作?

主持人問我:「退休後,妳怎麼介紹自己的身分?」記得剛退休時,會有身分認同的問題,我當時跟母親說我要退休時,母親說:「隔壁老王工作到 70 歲,妳怎麼可以不工作!」

那時並不流行「FIRE:財務獨立、提早退休」這個名詞,以前對退休一詞的定義是「你老了,沒有利用價值了!」親友聚會只要一說到「已退休」,空氣頓時凝結靜默,尤其在舊識交友圈中更為明顯,我在他們心目中是個低階職務的人,普遍心裡想的是:「妳根本是偷

懶不想工作！」尷尬的場面，讓我好一段時間都不敢再
介紹自己退休了。

退休後沒了名片，怎麼介紹自己？

退休後，初期舊同事會邀請我舉辦講座，跟大家分
享如何在 43 歲快樂退休過著自在的生活，於是我自己設
計了名片，上面寫的頭銜是「幸福退休傳道者」，很多
人看了很疑惑，以為我是教會來傳教的，或是家庭生育
計劃的宣傳員！

我想以自己活生生的例子來告訴大家「不用家財萬
貫，就可以提早退休」，最重要的就是長遠布局、紀律
執行，如果我沒有在 29 歲為老後布局，就沒有達成目標
的這一天，我願像傳道者一樣，不斷地提醒大家要提早
開始行動。

當時還是有很多人不懂那麼早退休要做什麼？我從
那些疑惑的問句，看出他們的迷惘，叫他們放下肩頭的
擔子，帶來的反而是不知如何自處，無法擺脫制式的框
架思維，人生被緊緊箍住。

也有些網友會直接說：「43 歲退休是米蟲！」咦？這話說來好笑，我每年把 40% ～ 60% 薪水存下來，留給退休後的自己，花自己的錢、吃自己買的米，是礙到誰了嗎？

辛苦工作一輩子，不就是期望自己不再為「五斗米折腰」嗎？我只是提早跳出框框，為自己的夢想而活，退休，並非躺在家裡不做事，整天等著飯來張口，退休，只是不再以賺薪水為目的，做自己喜歡且有意義的事！我就是自己的老闆，發薪水給自己，哪裡有錯呢？

別人眼光無法改變，但可以發揮自我價值！

這時，自我身分認同很重要，不用管別人用什麼眼光看待你，找到自己的專長與價值更重要。

我不是無助的被人逼退，而是老早就思考好退出職場後的人生目標，先列出興趣、擬出概略的方向，就不會感到迷惘，退休後有大把時間學習有興趣的事物，細細觀察周遭人事物，探索自己各種潛能，從事自己興趣的事只會廢寢忘食，有目標的人眼神自然會散發著光芒，

別人看不懂、不能領會，那是他們沒慧根，毋需在意了。

　　我退休後的身分非常的多元：50多歲的山林運動員、特約編輯、產品測試員、戶外特派員、文字作者、攝影作者、電子媒體專欄作者、講師、部落客、KOL、旅行生活家……，套句流行用詞就是「斜槓」，這些專長、能力我都不是在公司培養或職場歷練而來，反而是在離開職場退休後，才發展出來的能力與專長，這些身分也不是我去求來的，傻傻投入心力去做，做出自己的風格與特色，機會自然就會找上門。

　　我因為不斷進步、無所畏懼的前行，人生道路反而變得更寬廣，所以誰說退休就是人生發展的休止符呢？公司給你的職銜隨時可以收回，自我賦予的職銜卻是永恆的，說穿了，名片上的職銜，並不能代表你是誰！

\ 5-2 /
想提早退休
獨立也是必備能力！

常聽到有人退休後，因為沒有生活重心、不會安排自己、不夠獨立、找不到興趣，終日無所事事、鬱鬱寡歡，反而容易生病、早逝。我很早就意識到，未來生活的日子長達 30 ～ 50 年，儘管退休金可以活到老、領到老，也必須要有強健的身體，我希望退休金是用於玩樂，而非在病床上花用。

說到玩樂，很多人會夢想退休後要去環遊世界，我也曾經把環遊世界放在退休藍圖中，那時是 2006 年，我開始搜尋坊間旅行團的資料，環遊世界 2 ～ 3 個月團

費約 100 萬元，如果真的拿出 100 萬元環遊世界，爽快旅行 3 個月後，剩下的 9 個月難道要吃土嗎？

　　若未經長遠計劃就任性花掉大半退休金，這才是令人擔憂的事。

　　對，有些人剛退休時，時間一下子空出很多，親戚朋友揪團出國就跟著走，1 年出國 2～3 次看起來很風光，都忘了退休金是要花用幾十年的；或是閒閒沒事想開間咖啡店、工作室，於是挪用退休金，結果資金卡住或是經營不善虧光了，這些都是沒有務實計劃的退休風險。

對很多人而言，獨立需要學習才會！

　　有人問：「要確保退休金足夠花用到上天堂，難道必須犧牲玩樂嗎？」其實玩樂的方式有很多種，有一種玩樂可以不用花太多錢，這就是「運動旅行」。

　　多數人談到退休準備，都是聚焦於財務準備，我意識到想要一路玩到掛，必須同時存健康、存體能、存能力，兼具這 4 本存摺，不用家財萬貫也可以游牧世界！如果你看完這本書，也要開始擬定退休計劃，記得把這

些項目寫進去！

✎ 為何要存能力？

當自己沒能力時，就必須依靠別人，例如參加旅行團行程，讓有專業的人幫你安排行程大小事，這樣的行程包含了人力、專業、經驗等成本，一定比較昂貴。

2023 年疫情逐漸解封後，看到有部落客跟旅行社合作開團出國，約 15 天行程總團費 21 萬元，而我去朝聖之路在歐洲生活了 56 天，只花了 66,602 元，因為我會搶機票、買火車早鳥票、排行程……，解決問題樣樣自己來，旅行兼具長度、深度，有別於一般旅行團「上車睡覺、下車尿尿、回家忘掉」的旅行模式，還省了非常多旅遊經費。

✎ 為何要學獨立？

我並不是孤僻的人，剛退休時，頻繁往來的還是以前的同事圈，熱愛運動的我，總是邀他們到戶外去走走步道、爬爬郊山，但次數多了、時間久了，他們總是有很多藉口想偷懶，於是我開始擴展人脈，參加登山社團、

單車社團、社區大學等，剛開始的確認識很多人，同好一起活動、運動，真非常熱鬧有趣。

但後來發現，團體活動也有很多「人」的問題，最討厭的是社團裡也有權力鬥爭，結伴爬山或出遊會碰到自私、不懂得感謝的人，弄得旅程盡是不愉快的記憶，我離開職場就是為了不用再迎合別人而生活，不夠獨立就只能牽就。

✎ 何謂獨立？

一直很不想開講座的粉圓妹，為什麼 2022 年下半年會突然開了好多場巡迴講座？初衷是每年都會送自己一個挑戰當成生日禮物，另一方面是因為接到台中市政府社會局邀約，「中高齡婦女退休生活規劃及準備」這個主題讓我充滿著使命感，因為我深深感受到，婦女在生涯規劃上普遍都依附著配偶，退休後能不能跳脫框架與責任，活出自我的一片天，真是很重要的課題，我希望能給婦女們「勇敢跳脫」的力量及勇氣。

其實，中高齡男性更有問題，只是他們的問題不是能力而是意願，打拼一輩子的退休男性，退休後普遍喜

歡宅在家，這時會跟想跳脫生活框架的配偶，生活步調上難契合而產生爭執。

同時我也在 FB 粉專上發出問題，調查讀者們對何種主題有興趣，竟然有極大多數的人希望學習獨立。何謂獨立？脫離學校進入社會，我們追求的是經濟獨立，但當步入中年後的獨立又是什麼樣貌呢？

講座與讀者面對面時，接收到許多訊息，大家羨慕我可以說走就走，不用為了旅伴等到天荒地老，尤其疫情這 3 年，大家更意識到「獨處」的能力有多重要了。

很多人提出希望跟我一起去旅行，我想與其依賴我，不如就訓練大家獨立吧！因此應大家要求開了更多課程，我希望藉由這些戶外課程，讓大家學習獨立，走出自由自在的人生。

獨立的確是需要學習的，我也是花了非常多年才漸漸敢一個人旅行，獨立需要強而有力的後盾，例如體能、知識、技能，因為獨行必須一個人面對變數、困境、意外、驚嚇等，也考驗著應變能力，為了解決旅伴問題，於是我展開體能訓練，也培養自己野外環境的適應能力，當我具備知識、技巧、體能之後，開始布局獨立的能力。

國外Long Stay的啟蒙，渴望擺脫羈絆。

　　我第一次對 Long Stay 有心動的感覺，是 2017 年 6 月在日本長野的上高地。上高地是日本中部山岳國立公園內熱門的渡假聖地，位處海拔 1,500 公尺，四周被 3,000 公尺的穗高連峰等山岳環抱，是風景優美的避暑聖地。

　　當時我與隊友各自活動，我獨自在上高地的營地搭帳，打開帳篷即見日本著名的穗高連峰，白雪皚皚覆蓋著山頭，潺潺小溪門前過，綠樹環繞營地四周，簡直是人間仙境、美如圖畫，讓我樂不思蜀，我不但沒有因為落單而感到孤單寂寞，反而享受到「一個人旅行的幸福感」。

　　當時遇到一位畫家在營地 Long Stay，白天出來畫畫、展示作品、與旅客聊天，也許還可以賣出幾幅畫當作盤纏，這種生活真是棒呆了，讓我興起到世界各國 Long Stay 的念頭。

　　走了 2 次高山縱走後，我很確定自己喜歡這種長天數的山旅，但好旅伴難尋，直到退休 6 年後，自覺能力與膽識已累積到可以獨自出發的階段，於是正式釋放自

己，2017 年 12 月策劃了「中橫健行」，開啟了一個人的流浪之旅。

🎒 中橫健行，開啟一個人的流浪之旅。

　　第一次一個人要出發為期 10 天的旅程，行前當然也會有一些擔心與不安，怕自己準備不夠周全。於是，趁著接到一個國外知名戶外用品廠牌 Reb 測試裝備的藉口，順勢推了自己一把，打破猶豫踏出舒適圈。

　　因為要測試的裝備是羽絨外套，一定要夠低溫，最好還能下雪，為了安全勢必要帶齊裝備，我決定全程重裝而行，也為自己設計了登山安全必修課程的「獨處訓練」，一個人在叢林裡紮營過夜。

　　我不是一個莽撞的人，所有細節都用心思考及安排過，會選擇中橫健行也是基於安全考量，全程走在台 8 線的馬路上，路況良好、不會迷路，這是不太難又有點挑戰的行程，雖然低溫但安全，隨時可以撤退，不論是住宿點、氣溫等等變數都要事先考慮進去，想好「進可攻、退可守」的行程戰略。

　　旅行可以教我們很多事，獨自旅行可以訓練自己：蒐集及策劃能力，膽量及應變能力，知識與判斷能力，工具的運用及修繕能力，體能與心境的調節能力等等，一趟獨行就可以看見自己有何不足，或是發現自己的強大，這種經驗的累積是無價之寶，是跟著別人或團體走無法學到的事，整天家中坐當然更不可能學會。

　　中橫健行時我背著 17 公斤、平均每天走 20 公里，過程有苦有甜，遇到小黑狗陪走、常有居民說要載我、好多路人比讚喊加油、民宿老闆及宮廟師姊送菜及水果、遇到外國人聊天很開心、冷到要穿羽絨衣走路、腳底生了帶血的大水泡……，這些有趣獨特的經驗，讓我愛上了長程獨旅的旅行模式，我不用牽就任何人的時間說走就走，花費預算可以自己控制，地點可以自己選擇，更不需要看別人臭臉，相對來說，旅程中沒人可以對話，反而是件微不足道的事。

　　很多人會覺得沒有同伴很孤單，錯了，當我有同伴時專注力都在同伴身上，沒有同伴時，我會主動跟路人、旅人、當地居民聊天，反而收穫更多，出門旅遊是為了打開視野，當然也要打開心扉，接觸陌生人及新事物，

而不是處處帶著戒心封閉自己。

　　一個人的路上我不停反思，透過鼻尖的汗水、喘吁吁的呼吸、疼痛的腳底，把力氣全部放盡、把內心掏空、把一切歸零後，感受到「原來你需要的東西那麼簡單，充實且快樂！」

登山和理財，都讓我學會簡單與取捨。

　　很多人會問：「我 3 個衣櫥都不夠，3 套衣服怎麼會夠呢？」當然，我之所以能靠 3 套衣服過活，也是因為多年來的登山訓練。

　　登山的過程像是不斷地釋放壞能量，接受大自然的洗禮與淨化，如何在從事高耗能、高危險活動時，又做到裝備齊備並兼具精簡、輕量，是一段學習的歷程。我認為享受並安全的從事登山活動，首重是要把自己訓練得能自背自理，而不是做個靠人幫背、跟著別人屁股後面走的遊客，所以除了體能訓練外，登山技能與登山知識都要兼備。

　　受限於我個子嬌小（146 公分），身體能承擔的重

量很有限，於是我更積極學習與實踐「登山輕量化」的觀念，輕量化是一個「需要」與「想要」的取捨，這個概念我在理財上已實踐得相當好（看看我控制預算的能力便知道），運用在登山上也容易通透，現在，我把同樣的理論運用在人生上，學會了簡單與取捨，少了很多負擔與羈絆，人生也輕盈了起來。

在宣布我的「居無定所實驗計畫」前，我就知道很多人無法接受這麼新穎、前衛的生活方式，雖然很多人會到世界各地 Long Stay，但要完全丟掉所有的家具、家電、珍藏物品，對多數人來說是一件非常挑戰的事。

第一個反對的就是我哥，他說：「人總是要有個住所吧！」我說：「你的思想非常老舊，需要換一下！」自從我 19 歲離家租屋後，一個人架構起屬於自己的「家」，要如何在異鄉生活，可說是經驗豐富，對我這位長年在外走跳的人來說，我在的地方就是「家」，不是固定住所才叫「家」。

很多人擔心我會不會從此流落街頭、無家可歸了呢？哈哈哈！我聽了很想大笑，我從 19 歲離家後換了不下 10 處租屋，雖然找住所是件很累、很煩的一件事，但

並不會找不到呀！

除了在雙北比較昂貴及難找合意、合價的住所外，其他縣市根本沒有這個問題，我跑遍台灣各縣市 Long Stay，目的就是在體驗各地民情，尋找一處讓身心靈舒服愉快的寶地，不需要被工作綁在特定縣市，更遠大的目標是把 Long Stay 的生活延伸至海外，世界無限大，要說無棲身之所，是故步自封的思維。

最初我給自己 1 年的實驗期，嘗試後萬一覺得不習慣或是厭倦了，再回到以前租屋模式就好了，又沒什麼損失，是不是？這麼一說你是不是突然醒了，那些路人甲乙丙丁的擔憂，好像都是庸人自擾呢！

\ 5-3 /
人際關係斷捨離
世界會更寬廣

退休前我就開始積極布局退休後的生活，當時想：「退休金可以領到上天堂，當然要有好的身體才能一路玩到掛呀！」那時有同事揪我一起參加減重比賽，4 位參賽者自訂目標，維期 6 個月，我的目標是要減 7 公斤；我們的宣示引起許多旁觀同事非議，總是有些嘴臭的人會在背後說：妳不會成功、妳會復胖、妳會……

沒想到過程非常順利，我在 4 個月時就達標，繼續努力到 6 個月時已經成功減了 11.2 公斤，而另外 3 位參賽者進展不佳，有人甚至反而變胖。

　　我是用健康的方式減重——運動及計算熱量，減重後體能變好了，因為有成就感而愛上運動，於是接受另一組舊同事邀約週末爬山，參加一段時間後，發現他們每次都只走 400 公尺到涼亭，就開始吃吃喝喝，我問他們都不登頂嗎？其中一位主管說，剛開始會登頂，但體能差的同事跟不上，為了怕成員流失，因此變成現在的模式。

遠離腳步停滯的人，拒絕向下沉淪。

　　我聽了感到非常詫異，身為主管應該要想辦法將部屬帶往更高處，怎麼會變成一起向下沉淪呢？他們也曾經計劃去登玉山，連防水外套、登山鞋等裝備都買了，最後計劃因故一直延宕，幾年來這個團隊從來沒離開這條步道。

　　我加入之後也試圖催促他們往其他山岳步道邁進，最後仍沒成功，原因是團隊成員都習慣跟較差的人比較，而不是跟優秀的人比較，他們自覺每週來爬山一次，已經強過辦公室裡的多數人，總是陷入自滿的舒適圈情

緒中。

　　這 2 件事讓我領悟到，好的人際關係應該是讓自己變卓越，而不是一起沉淪，我受不了這團隊的思維及氣氛，漸漸發現自己和舊識朋友及同事的步調、思維都不同了，也不再有契合度，他們還在工作、照顧家庭，不想從事太費體力的活動，而我覺得自己的人生正有趣，想盡情探索新奇的事務，不想被限制住，邀舊識朋友一起出國旅行，或是來個長天數的壯遊，根本是不可能的事。

　　43 歲退休日一到，我順勢離開團隊，去追尋更高的抱負朝百岳之路邁進，50 歲前成功攀登 52 座百岳，接著練習獨旅觸角再往海外長程健行延伸。這登山團隊在我離開 1 年內即瓦解，11 年過去了，他們仍然沒人去過玉山。

　　很多人會說：「我不用做計劃，走一步算一步即可」，你以為人生還很長，其實一眨眼就過去了，有計劃、有執行力的人，早就達成無數的目標，而沒有行動力的人，卻還在原地打轉，孰不知這一差就是千里遠，追不上前者，又被後浪追逐，處在舒適圈的人早就沒有競爭力而

不自知。

提早退休的人，一定要成為領頭羊，要有自己想法與做法，因為舊朋友只會在舊框架裡不停打轉，無法滿足你寬廣的視野、無限的好奇心，你不再對職場的明爭暗鬥有興趣，那些話題只會令你反胃。

丟掉負能量不可惜，能力不足才忙著抱怨。

就算無法成為領頭羊，也要懂得選擇，跟成功人士學習才能走向康莊大道，不要浪費時間虛耗在不對的人身上。勇敢出走、跳出框架，會發現外面的天空很大，認識新朋友才會給自己新思維的激盪，創造無限的潛能與可能！

除了對物品的斷捨離之外，更需要對人際關係設界限。以前在職場工作，為了前途難免要委屈應和一番，不能有太多個性，退休後不需要考慮職位升遷，當然沒必要勉強自己再繼續鄉愿地配合，毋需討好所有的人，只要選擇相處舒服的人。我領悟到人際關係斷捨離的 3 個步驟：

① 學會放棄

==想要獲得更多之前，要先學會放棄==。茶壺滿了水會溢出，溪流滿了會泛濫，水庫滿了會潰堤，放棄舊思維，放棄舊習慣，唯有掏空自己，才能容納更多的美好。

剛退休時同事紛紛要求我做他們的督導，有人要求我監督他讀書、有人要求我監督他運動、有人要求我監督他存錢買單車，這些人剛開始對自己延遲的行為還會感到抱歉，最後就會回我：「這個月很忙，下個月再交。」我為他們做不到且理所當然的態度很生氣，明明是自己的事，我好心幫忙提醒，結果惹得一堆不愉快。

「如果你不想要，沒人可以勉強你」，最後這些人都被我「斷捨離」，自己都管不好的人，就毋需浪費時間了！

② 遠離負能量

==當你帶著抱怨來時，請先想好解決方案==。凡事都有解決方案，光是抱怨不行動，並不會改變現況，卻會讓自己變成憤世嫉俗充滿負能量的人，我們要學習成為有解決問題能力的人，而不是製造負能量的人。

　　《有錢人在乎的和你不一樣》一書裡面有句話我很有同感：「你期盼自己 10 年後要過什麼樣的生活呢？好好思考這個問題，並著手開始妥善地規劃一番。再者，你必須了解的一件事是，長期思考需要耐心，耐心往往是有錢人最重要的人生資產。窮人或是中產階級一輩子最大的負債，莫過於缺乏這樣的耐心。」

　　這句話就好像是在傳達粉圓妹的心聲，也是粉圓妹一直身體力行的「你對未來的人生必須要有計劃！」粉圓妹的確是一位善於計劃的人，並且具備超級執行力，否則一切夢想或目標都是空談！

　　有些舊識現在仍會忍不住嘀咕說：「粉圓妹，妳憑什麼 43 歲退休？」這些人學歷、薪水、地位、頭銜都比我高，但是我退休後 12 年再回頭看他們，依然是過著每天被主管盯績效、50 歲就變白頭翁、胖到走路都會喘、用洗血脂來降三高、爆血管差點去見上帝……，然而這樣的日子算是成功嗎？快樂嗎？

　　有錢的定義，不該只是金錢，而是懂得知足，才是真富有！你想 10 年後過什麼樣的生活？請停止抱怨，現在開始思考、計劃、執行、堅持吧！

③ 成為更強大的人

　　平平做一樣的事，為何有人成功、有人失敗，現在這時代，光有一種能力是不夠的，必須兼具多重能力，包括：學習力、紀律毅力、時間管理、行銷能力、演說能力、文案企劃、公關能力、市場敏銳度、創新力、個人品牌魅力、經營管理、抗壓性……，集各種能力於一身。

　　這讓我想起一件事，剛開始騎單車時，自己成立了社團，設計行程是我的強項，我想獨樂樂不如眾樂樂，每週開團帶大家一邊旅行、一邊練車，剛開始社員還懂得感謝，漸漸習以為常，散會時連一句謝謝都不願意說。

　　有一次我參加單車旅行徵選投稿時得了獎金，發現社員開始耳語說我沒把獎金拿出來分享，很奇怪的是行程是我排、隊伍是我領、責任是我擔、雜事是我做、照片是我拍、文章是我寫、稿件是我投，獎金當然是屬於我呀！

　　但我也沒打算私吞，想趁大家幫我辦生日會時拿出來當聚餐基金，同歡又能凝聚向心力，結果他們油然而生的嫉妒心，決定不為我辦生日會，最後還有人說：「我們也是陪妳騎車，沒欠妳什麼！」這群人讓我看清了一

些事，共患難容易、同享富貴難，友情禁不起區區 5,000
元獎金的考驗。事實上，所有能力都集於我一身，誰也
搶不走，沒有跟班，我的天空更開闊！

　　沒能力的人才會忙著抱怨！若覺得世界不公平，為
何運氣或機會沒降臨在自己身上，應該靜下心來好好省
思，自己到底具備哪些能力與專業，而不是只會眼紅及
抱怨別人呀！我們要為美麗的事物停留，那些不珍惜你、
不看好你、不疼惜你的，都應該勇敢的斷捨離，人生很
短，不值得浪費時間與感情在那些不好的人事物身上。

\ 5-4 /
現在開始做
絕對不會「來不及」！

現在很多年輕人整天夢想著「財務自由、提早退休」，以為提早退休後就可以什麼事都不做，每天下午茶、逛街、睡到自然醒，我說這種日子過幾天你會覺得很爽，但是讓你過超過 1 個月就會感到坐立難安，再久一點就會覺得自己是廢人，開始過著每天睡到中午、日夜顛倒的生活，頭不梳鬍不剔，整天吃零嘴、抱著電視追劇，或是沒日沒夜的打電動，生活沒有任何目標及重心……

這難道就這是你所謂的退休？你想要的人生？

不退休 ≠ 樂在工作，退休 ≠ 失去價值！

所以，我們必須先來釐清「工作的意義」和「退休的定義」。

* 工作是為了什麼？

· 為自己工作？

· 為老闆工作？

· 為薪水工作？

---

* 退休的定義是什麼？

· 不是坐吃等死！

· 不是天天睡到自然醒！

· 不是坐在沙發上被電視看！

---

* 害怕退休的人是：

· 沒搞清楚退休的定義。

· 不會工作以外的事物。

---

* 每個人都會做到死為止，重點是：

· 你是為公司做到死為止？

· 你是為薪水做到死為止？

· 你是為自己的夢想做到死為止？

　　簡單的說是：習慣舒適圈、害怕改變、故步自封，這些情況最可怕！

　　我以前主管曾說，他的人生不退休，要做到死為止，我 43 歲宣布退休後，他再也沒連絡過我了，也許他覺得我好吃懶做，看不起我。不過退休 12 年來，我從來沒有好吃懶做，甚至比上班族更有紀律及效率的達成許多人生目標。

　　我對退休的定義是：「退休是一種資格，你可以先取得，然後換一種心情再繼續工作。」什麼資格？人生主導權的資格、追求夢想的資格、不必委屈求全的資格、不用虛應他人的資格。

　　不管你是否愛現在的工作，都要及早規劃，而不是等著被規劃。希望人生下半場精彩，千萬不要再用舊思維來看待「退休」這件事了！

退休後的你，真的不需要工作嗎？

　　「43 歲退休，會不會太早！妳最少還有 40 年要過活耶！」、「妳每天無所事事，我擔心妳會提早失智耶！」

剛退職時，朋友憂心的問我：「接下來想做什麼工作？」我說：「我的工作必須有趣、能發揮我的才能、有成就感。」朋友對我嗤之以鼻說：「世上沒有這種工作！」

有的，怎麼會沒有呢！？我可以證明退休 12 年來，我都是以這樣的標準在工作呀！

很多人都忘了，工作只是人生的一部分，這份工作必須能夠發揮自己的價值，人生才會變得有價值，當你選擇工作不把金錢放第一位時，可以從事的工作可多了，就可以大膽朝著夢想生活前進。

我不但找到了，也持續做超過 12 年，這工作就是「做我自己愛做的事，可以不計酬勞、成本，盡情的發揮所長，活出自己的品牌、創造自己的 Style ！」

在「我的人生」公司上班，獨一無二！

我不上班，但我仍工作，我為自己的健康工作（運動），為自己的人生目標工作（理想或興趣），為此，我必須允文允武、能靜能動，十八般武藝都要會，每天工作 12 小時，工時比上班族還長，卻做得非常開心，因

為我經營的公司名字叫做「我的人生」，我才是自己的老闆、自己的主人。

在退休前，我把自己的興趣羅列出來，例如：登山、木工、女紅、畫畫、手工藝……，一一檢視後，把需要體力去完成的先完成，不需要體力的放後面，所以，我在43 歲退休時立刻開始花時間訓練體能，從登山新手到攀登 52 座 3,000 公尺以上的台灣百岳，不但練就體能、野外環境的適應能力，也累積自己寫作的能力與知名度。

當有「超前部署」的人生時，不是工作挑你，而是你挑工作。我用自己以前存的錢，付薪水給未來的自己，雖然稱不上有錢，但卻很富有，因為我同時擁有時間、身體（體能）、心靈（目標）上的自由與快樂，廣義的說這比身家有好幾億的人還要富有。

每個人都該把自己當成公司經營，自己就是品牌，人生價值應該由自己來定義，而不是活在他人的價值與眼光之中。這一切都要歸功於自己 29 歲時布局了退休藍圖，並且自律執行計劃，現在才有資格任性做自己！你不用模仿別人，你，就是獨一無二的你，你就是品牌，活出自己的 Style。

現在開始做，寫自己的人生故事！

主持人問：「妳覺得每個人都可以做到像妳一樣嗎？」可以的！

沒有一個成功人士不用腦，單純靠著「複製、貼上別人的做法」而成功。因為政策、利率、環境等條件，致使我的退休儲備計劃無法被他人成功複製，但可以學習的是態度與行為，我靠著長遠布局、紀律執行，度過景氣循環、股災斷頭、金融海嘯等危機，提早在 43 歲退休。

培養獨立思考的能力、自律的行為，這是我鼓勵年輕人一定要學習的事，即使大環境有許多難關，一樣有能力關關順利通過。

至於熟齡族，千萬不要想著「來不及」，只要你願意，永遠來得及。就像我上面所列的斜槓能力，都只是單純的興趣，不是我原本會的技能，因為不斷地學習及傻傻地做，機會即隨之而來，慢慢成為成就自己的能力。

\ 5-5 /
幾歲開始規劃人生？
19歲會太早？

　　般人聽說我 43 歲退休，以為是一帆風順的人生勝利組，但其實我人生的考驗及波折，不曾間斷。

　　再聽到我 29 歲就有了退休藍圖，臉上總是難掩驚訝的表情，問我：「妳擅於規劃、很清楚自己要什麼，而且有超強的執行力，這是天生的嗎？」於是我決定把時序往前拉，重回 19 歲時的我，看看是什麼樣的環境、什麼樣的思維、什麼樣的考驗，造就了現在的我？

　　19 歲時，任職公司老闆希望員工有向心力，於是開放員工入股。我為了入股，吃茶泡飯、跟會存錢，但幾

年過去始終沒得到分紅，眼看入股資金可能拿不回來，終於等到一次機會，我與老闆談判，2年後不但讓他無本賺進100萬元分紅，25歲的我也存到人生第一桶金。

23歲的我，到底跟老闆談了什麼，竟讓老闆買單？19歲的你，是否有投資的勇氣、滿滿的企圖心？願意為了夢想犧牲玩樂？故事就從我16歲高職開始說起吧！

考試滿江紅，畢業即就業無縫接軌。

小時候我不太愛唸書，普通高中考不上，職業學校分數也不高，我只能勉強擠進金甌高職夜間部。

上高職後，白天我在美國銀行當工讀生，早上搭早班第二班公車、坐1小時才會到銀行，4點多下班再趕到學校上課，下課回到家都約晚上10點，每天睡眠不足，上課時經常打瞌睡，曾經有2次期末考成績很差，老師還特地打電話給父親，但父親也無可奈何。

我父親以前是中華工程公司秘書，後來全家從高雄搬到台北，他開了出口貿易1人公司，從小對他印象最深的是他英文打字很厲害。唸高職時老師告訴我們很多

學姊勤練英打，還沒畢業就被企業訂走了，要我們認真練英打，那時我希望練到像父親一樣打字飛快。

但英打太普遍了，要勝出被企業選中不是容易的事，那時正值電腦發展出中文版，學校開始教授倉頡輸入法，我看到未來鉛字印刷可能被取代的趨勢，於是把重心放在新興的中文電腦打字上，前無古人，我們是倉頡輸入法的第一屆學習者，一定要先站穩起跑點。

當時的電腦昂貴又不普及，只有學校可以練習，受限於白天上班，我只能搶在下班與上課之間的空檔，犧牲用餐時間勤練打字，但練習時間仍然有限，剛好美國銀行工讀生的人數要縮減，我即將畢業不再當工讀生，便自請離職，也有較多時間去學校練習打字。

我在美國銀行人緣不錯，還認了一位乾媽，她本來想安插我到銀行收發部當正職員工，但我覺得銀行工作像公務人員一樣沒有挑戰，有滿滿的企圖心。

畢業前夕在我學校布告欄看到一家公司在招收建教合作生，工作內容是到公司幫他們打資料，但第一個月不給薪，等通過 1 分鐘 30 字的中文輸入測驗後，就能成為正式員工，並開始領 6,000 元月薪，於是一畢業，我

就無縫接軌有了正職工作，幾個月後，同事跟我說有另外一家公司在挖角，一樣的工作內容月薪 9,000 元，我就和同事一起跳槽了。

為了夢想，甘願吃茶泡飯度日。

在新的電腦公司任職一段時間後，老闆希望員工有向心力，宣布開放員工入股。跟我一起跳槽的同事，年紀長我 5 歲，她應該有點積蓄，不過以「算命說流年不適合投資」為由拒絕入股；另一位同事年紀長我 15 歲，是醫生世家，毫不猶豫說要拿出 30 多萬元入股。

企圖心超強、一心想當老闆的我，當然是十分積極，不過，那時剛畢業沒積蓄，於是跟銀行的乾媽提起這件事，問她是否有互助會的門路，她說銀行同事常起會很穩當，而且大家不缺錢沒人要標，我可以順利標到會。

畢業後我離家自己在外租房，薪水含加班費不到 1 萬 4,000 元，跟了 1 萬元的互助會後，再扣除房租 2,000 元、交通費等，只剩 1,000 多元伙食費，我給自己 1 天 30 元的預算，當時住在台北東園 30 元可以買到 1 碗魯

肉飯加 1 顆滷蛋及 1 塊油豆腐，非常有成本概念的我盤算了一下，覺得自己煮可以更省，於是買了大同電鍋，開始學著自己煮食，打算滷一鍋足夠吃 1 週的配菜。

第一次煮白飯很失敗，中午打開便當，吃了幾口像飯又像粥的便當，真是難以下嚥，但想到如果不吃完，下午肚子餓又要花錢吃東西，於是加了開水唏哩呼嚕的吞了下去。還好這樣拮据的日子只過幾個月，我的努力老闆也看在眼裡，很大方的幫全數員工加薪 4,000 元，我終於不用再這麼辛苦的吃電鍋滷味了。

以前住在家裡從來沒機會煮飯做菜，經歷過這樣的磨練，我的廚藝進步不少。很多人不明瞭為什麼我 19 歲要住外面，我覺得唯有離家脫離父母的庇蔭，人才會真正長大，才懂得如何打理家務、學會控制預算、對人生有全盤思考、學習面對困難，這些人生體驗是無價之寶，對我獨立、勇敢的個性奠定了基礎。

投資變泡影，健康也堪慮……

入股後我更加投入於工作，每天都是早九晚九，年

輕天真的我甚至覺得這是我一輩子的職業。

　　經過 1、2 年，老闆有開設分公司的拓展計劃，我爭取當店長，老闆以「太年輕成功不好」為由，不接受我當店長的提議，中文系的老闆用「錐處囊中」這艱深的成語來形容我，我說不明白是什麼意思，他說這句成語出於《史記》，意思是「把錐子放在口袋中，錐尖很快就會顯露出來，比喻有才智的人不會被長久埋沒，很快就會嶄露頭角。」叫我不要急著出頭，但是滿腔雄心壯志的我，無法接受這樣的說法，因此憤而離職。

　　雖然公司都有賺錢，但每年都以要添購設備為由而未分紅，若想抽回資金，依公司法規必須有人願意買下股份，因此，即使我離職了，也無法順利拿回當初辛苦存的錢，有可能就此打水漂了。

　　不過，當時工作必須長期久坐，加上不愛運動以及工作壓力大，我開始有不明原因的腳痛症狀，去很多大醫院看診都找不出原因，心想雖然拿不回投資的錢，至少離職也是對身體好的決定。

　　即使第一次投資失利，也無法阻擋我想當老闆的企圖心。我找了一家花店當學徒，花店女老闆也很願意扶

植員工完成開店夢想，雖然薪水低，但工作很愉快。

蹲下是為了再躍起，讓危機變轉機。

在花店做了半年，有天電腦公司老闆找我說接了一筆大業務，人手不足要我回去幫忙，得知當初開的分公司收掉了，我心想：「談判的機會來了！」因為我始終是公司的第一把快手，又任勞任怨，沒有我是老闆的損失，終究會回來找我的，果真，蹲下是為了再躍起！

我立刻抓緊機會跟老闆談判，我說：「要我回去只有一個條件，我要當老闆！」我的態度非常堅定，讓他沒有第二個選擇。

我提供一個很好的籌碼給老闆，用我之前入股原公司的資金全數移轉過來，合夥開一家新公司，我當負責人，他提供收掉分公司的閒置設備來折算出資股份，等於他不用出半毛錢，又可以清掉閒置設備，我這聰明的提議，讓他無可拒絕。於是我占 4 成、他占 6 成股份，成立了新公司，在台大附近開了一家電腦打字公司，後來搬到台大正門口對面。

　　我的電腦打字公司主要業務就是為碩士、博士打論文，我唸高職時就是看準中文鉛字印刷將被淘汰，而中文電腦打字不普及，學生幾乎都不會用，碩士生、博士生畢業時要提出口試論文，必須送來電腦打字公司打字，印出美美的稿件送給指導教授閱讀修改，完稿印成書本送到學校口試、館藏及分送親友紀念，可說是研究生的人生大事，能否順利畢業就靠這本論文了。

愛拼才會贏，存到第一桶金！

　　擁有一家公司有苦有甘，甘的是公司有賺錢，我都會分配盈餘，苦的是壓力大、工作時間很長。

　　當老闆後工作時間更長，旺季甚至 40 小時沒睡覺，當時的電腦還是 DOS 系統、用 PE II 文書軟體排版，所有效果都必須在後台下參數指令，印出來才知道有沒有錯，而我的本事就是打瞌睡還沒出錯（哈哈！）。

　　那時在公司附近租房子，不論平日或假日活動範圍就方圓 2 公里內，完全沒有休閒活動，壓力、久坐、沒運動導致腳痛問題越來越嚴重，就算照 3 餐吃止痛藥也

無法讓我完全不痛，走路還是會跛腳，甚至有次在客戶面前站不起來，很糗，也感到很悲哀，我才 20 多歲呀（吃止痛藥超過 10 年，跛腳對我人生影響深遠）！

我的合夥人公司是我的下游鏈，客戶論文在我公司排版完稿後，要送到他公司影印及裝訂成冊，當時他有極高的職業倦怠，經常交件時間到了，東西還原封不動沒人做，我為了守信，在自己公司做到晚上 9 點後，又到他公司幫忙，通宵達旦的影印、裝訂，把客戶幾年心血寫的論文，化成一本本美麗的書籍。

我一個人扛著 2 間公司的工作，這種壓力導致我身心俱疲，趁著公司還有價值時提議賣掉，合夥人說沒見過公司賺錢還不做的人，我累了、體驗也夠了，趁著公司還有價值時出脫，給另一個有當老闆夢的年輕人接手。

開業 2 年的盈餘分配、出售公司獲利，連同自己的薪資存款，帳面上擁有了人生第一桶金—— 100 萬元。我的合夥人更好，完全不用做事、管事，就可以分到 6 成的盈餘，他這筆無本生意早就獲利 100 萬元了。

為什麼說是「帳面上」擁有了人生第一桶金呢？像我這麼「數字控」的人，絕對是把每一個帳目記得清清

楚楚，不過，後來合夥人以「2 家公司合請 1 位會計比較省錢」為由，讓我把管理財務的事交接給了會計。

最熟悉的人，騙你最多！

我當時年輕單純，沒有料想到這是合夥人的心機，後來他在未告知我的狀態下，挪用公款借給別人，他雖然說認帳會把錢還給我，開了 2 張遠期票，卻在每次快到期時，就央求我把託收票據抽回，我都會心軟照做。之後他開始耍流氓說：「我沒錢，公司設備妳隨便搬！」不然就說：「是某某欠我錢，妳去跟他討，討到都給妳！」我看盡他的嘴臉，完全證明了一句話：欠債者最大！我在他身上學會了不可以信任任何金錢往來關係。

最後，我在過農曆年前給他下了最後通牒：「過完年假，連本帶利還給我，否則我不知道自己會做出什麼事！」他用哀兵政策說：「妳真殘忍，過年我去哪生錢出來。」我說：「我管你！當我是軟柿子，只敢欺負我，老虎不發威，你當我是病貓！」農曆年後，我終於連本帶利把錢拿回來了，本來他還不想付利息，但我很強硬

的要他一分一毫都給我算清楚（咬牙切齒中）！

寫給曾經、現在或即將19歲的你！

我 16 歲踏入社會，在 19 歲就「轉大人」了，比一般人更早熟，提早看到人性的光明面、社會的黑暗面，這些經歷都變成我的歷練，好像，再也沒什麼困難可以打倒我了！（事實上，後面還有更多的磨難與試煉！）

從粉圓妹的故事，可以看到的人生啟示：

① **企圖心**：19 歲就要願意犧牲享受與玩樂，勇於追求當老闆的夢想。

② **勇敢獨立**：19 歲就可以一個人勇敢面對人生所有重大決策，跟會、入股、開公司、討債、健康不佳（跛腳）……，這些難題都打不倒，見招拆招、扭轉乾坤。

③ **自信自愛**：不論你有多愛，世界上唯一值得信任的人，只有自己。

④ **主控權**：永遠不要把發球權（金錢支配權）交給別人。

⑤ **沉穩**：該強則強，該柔則柔，遇到事情不要急著

去掀桌吵架，要懂得蹲下，等待最佳談判時機，才能取得雙贏。

⑥**布局**：凡事不要只看到眼前利益，眼光要放長遠，看到機會勇於往前衝刺，也別忘留一步退路。

⑦**投資自己**：隨時要投資自己的能力，不論是工作技能、思維、眼光、判斷力。

⑧**靠自己**：靠人人倒、靠自己最好，別人可以給你薪資、位置、頭銜，卻也可以輕易奪走，培養內在的能力，才能讓自己站穩腳步。

現在回頭看，成長就是一條布滿荊棘的「天堂路」，不管你是滿心歡喜，亦或是滿腹怨言，你都必須通過，走過了，就會為人生增添色彩。

何不把這些難關，當成遊戲的關卡來過關斬將，那些荊棘、危崖峭壁，都是滋養我們人生的養分，讓我們生出智慧、發揮潛能，使我們更加堅強與茁壯，如果一生平淡沒有波瀾，就無法突顯出美好的價值。那些試煉與磨難、那些痛苦的領悟，讓我更早意識到「唯有自己，才能給予自己美好的未來」，於是 29 歲才有了退休藍圖的規劃，43 歲邁向自由自在的退休生活。

給已經錯過美好 19 歲的你一句話：只要願意改變，行動永遠不嫌晚！

粉圓妹低學歷、低職位、低薪資、無證照、無背景、無富爸、不聰明、沒優勢，但是這些都不重要，無法阻礙我追求目標的企圖心，絕對不要放棄自己追求夢想的機會與希望，重要的是心態、行動、紀律與宏觀的視野。請別再為眼前的小確幸而感到滿足，要事事超前部署，把握每一次扭轉乾坤的機會，不到最後絕不輕言放棄！

因為朋友的一句問話，把我帶回 19 歲，重新檢視 30 多年前的自己及歷程。有人看著我的簡歷跟我說：「為什麼我的每個年齡階段只是一個數字，而妳的卻是一段故事？」25 歲時，我就知道自己是個有故事的人。

如何成為有故事的人，就是要用心生活，不要害怕夢想，人生本身就是一場無極限的華麗冒險，不論夢想多遙不可及，你必須有勇氣去冒險，夢不但要想，而且要想很深、想很遠，有天機會就會來臨成就這一切。

致青春的 19 歲，一起加油，把未來過得更好！

🎒 葡萄牙朝聖＋歐鐵82天之旅

2022 年 7 月歐洲疫情趨緩，但入境還需要核酸檢測，當時亞洲還沒有太多遊客前往歐洲，這時歐鐵推出促銷，每一個代銷通路都享 85 折，1 年期效內都可以啟用，萬一疫情又起，11 個月內都可以免費退貨，真是太划算了，所以當時就勇敢的買下去了！

2023 年疫情解封後，我也跟著解禁了！經過數個月的路線規劃及準備，我在 4 月 8 日踏上旅程。

＼ 後記 ／
10萬元
環歐82天不是夢

在這本書出版前，粉圓妹完成了一個人的「葡萄牙朝聖＋歐鐵82天之旅」（2023/4/8 ～ 2023/6/28），行前聽到粉圓妹總預算 12 萬元（以下均為台幣），很多網友和家人都直呼「不可能」！因為一般跟團去歐洲旅行 12 天就要 12 萬元團費，怎麼可能旅行 82 天呢？

我不但成功控制預算，還透過「越玩越賺旅遊金放大術」，賺到回饋金額高達 1.9 萬元，跨足 10 個國家（義大利、瑞士、德國、捷克、匈牙利、斯洛伐克、克羅埃

西亞、奧地利、葡萄牙、西班牙）、46 個城市，等於這
趟旅程只花費 10 萬元！理財不只是要會投資，還要懂
得聰明消費，花出去的錢還能幫你賺錢回來，回饋高達
13%，是不是超乎你的想像呢！（詳細內容記錄於「自在
生活・粉圓妹趴趴走」部落格）

　　這次旅程面臨許多第一次的挑戰，行前我最擔心的
是搞懂歐洲 10 國的交通系統，從購票、取票到搭車，每
個環節都不能出錯，尤其歐洲的變數狀況很多，牽扯到
語言閱讀、詢問溝通、軟體應用、資訊掌握、應變能力
等，隨時要再三求證，旅程才能順利。

本次面臨挑戰有：

☑ 行前邊開課、邊把新書寫完。

☑ 行前完成 68 頁的旅遊手冊。

☑ 第一次使用歐洲鐵路通票，要搞懂很多規則，以免坐錯車被罰款。

☑ 第一次買外站組合機票，只花 2.2 萬元買到歐洲來回機票，再送吉隆坡來回機票。

☑ 完成海外 82 天的獨旅，創自己獨自海外旅行的最長天數記錄。

☑ 10.5 公斤背包在歐洲生活 82 天，從下雪玩到入夏 33 度高溫，全程手洗衣物，還足夠應付不附床單被品的庇護所，入住青旅背包床位都能睡得好，生活很自在。

☑ 在青旅、庇護所煮雞湯，用微波爐做烤雞，實踐「旅行即是生活、生活即是旅行」，成功拓展「居無定所實驗計劃」至海外。

☑ 搞懂 10 國的交通票券如何購買及搭乘，成功化解 3 次罷工危機及各種意外狀況。

☑ 獨自探索海外當地居民的步道，自在心情宛若在台灣。

☑ 完成「有始有終葡萄牙朝聖之路」合計 615 公里（葡萄牙海岸之路 12 天 323 公里、世界盡頭之路 5 天 136 公里、法蒂瑪之路 7 天 156 公里）。

☑ 城市內景點不搭車，環歐 82 天徒步總里程：1,293 公里，省交通費，更賺到健康。

☑ 邊旅行邊發文，每天不間斷。

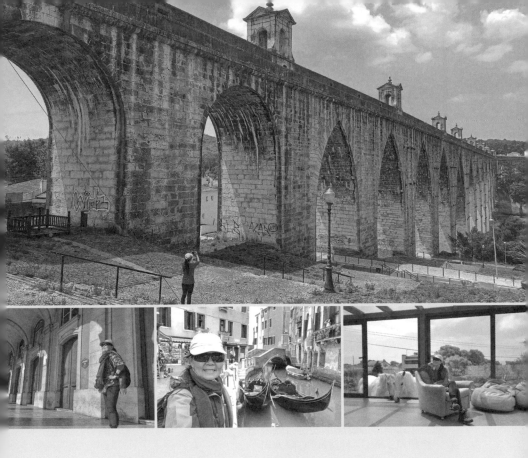

　　不會外語沒關係，狠狠地把自己丟到國外，學習面
對各種疑難雜症，旅行是語言最好的學習機會，勇敢主
動溝通、解決問題，每天都看到自己的進步和強大，成
就感無以倫比。

　　就如前面章節所言，做到「4 存」——存財富、存
健康、存體能、存能力，真的不用家財萬貫，也可以提
早退休游牧世界！

29歲開始做 43歲提早退休：
用窮酸皮夾不追求表面富有，拿到退休入場券！

作者：粉圓妹

總編輯：張國蓮
責任編輯：李文瑜
美術設計：謝仲青
封面攝影：張家禎

董事長：李岳能
發行：金尉股份有限公司
地址：新北市板橋區文化路一段 268 號 20 樓之 2
傳真：02-2258-5366
讀者信箱：moneyservice@cmoney.com.tw
網址：money.cmoney.tw
客服 Line@：@m22585366

製版印刷：緯峰印刷股份有限公司
總經銷：聯合發行股份有限公司

初版 1 刷：2023 年 7 月

國家圖書館出版品預行編目（CIP）資料

29歲開始做 43歲提早退休：用窮酸皮夾不追求表面富有,拿到退休入場
券!/粉圓妹作. -- 初版. -- 新北市：金尉股份有限公司, 2023.07
　面；　公分
ISBN 978-626-97440-3-9（平裝）
1.CST: 退休 2.CST: 生涯規劃 3.CST: 生活指導
544.83　　　　　　　　　　　　　　　112010697

Money錢

Money錢